Kohlhammer

Eduard Lohse

Die Wundertaten Jesu

Die Bedeutung der neutestamentlichen Wunderüberlieferung für Theologie und Kirche

Verlag W. Kohlhammer

1. Auflage 2015

Alle Rechte vorbehalten
© W. Kohlhammer GmbH, Stuttgart
Satz: Andrea Siebert, Neuendettelsau
Gesamtherstellung: W. Kohlhammer GmbH, Stuttgart

Print:
ISBN 978-3-17-028895-9

E-Book-Formate:
pdf: ISBN 978-3-17-028896-6
epub: ISBN 978-3-17-028897-3
mobi: ISBN 978-3-17-028898-0

Für den Inhalt abgedruckter oder verlinkter Websites ist ausschließlich der jeweilige Betreiber verantwortlich.
Die W. Kohlhammer GmbH hat keinen Einfluss auf die verknüpften Seiten und übernimmt hierfür keinerlei Haftung.

Dem Gedenken an
Joachim Jeremias
in Verehrung und Dankbarkeit

Inhalt

Vorwort 9

I. Grundlegung:
Die Wundertaten Jesu – Fragen und Aufgaben 11

1 Die Wundertaten Jesu im Licht antiker Vorgaben 11
2 Bezeichnungen und Erzählformen von Wundertaten Jesu 20
3 Die Christusbotschaft der Wundergeschichten und ihr Anhalt am historischen Jesus 27
4 Der Sohn Davids als Helfer und Retter 32
5 Glaube und Wunder 42

II. Durchführung:
Die Wundertaten Jesu in urchristlichen Darstellungen . 61

6 Krankenheilungen 61
7 Dämonenaustreibungen 75
8 Blindenheilungen 87
9 Totenerweckungen 93
10 Naturwunder 100

III. Schluss:
Die Wundertaten Jesu im Zeugnis des Evangeliums 113

11 Die Wundertaten Jesu im Kontext seiner Verkündigung 113
12 Die Wundertaten Jesu in der Auslegung der Evangelisten 119
13 Die Wundertaten Jesu in Predigt und Lehre der Kirche 130

Anhang 137

14 Die Wundertaten Jesu im Johannesevangelium 137
15 Wunder im Urteil des Apostels Paulus 150

Übersicht über die Wundergeschichten in den synoptischen Evangelien 161

Literaturverzeichnis 163

Sachregister 171

Autorenregister 173

Vorwort

Jesus hat Wunder getan – so wird in den Evangelien nach Markus, Matthäus und Lukas ausführlich berichtet. Elenden und kranken Menschen hat er aufgeholfen. Von bösen Geistern geplagten Menschen wusste er beizustehen und ein neues Leben in Freiheit zu eröffnen. Blinde machte er sehend. Und auch die Grenze des Todes wusste er zu überschreiten.[1] Die Überlieferung von Jesu Wundertaten nimmt breiten Raum ein – ein Zeichen dafür, dass die frühe Christenheit diesen Erzählungen von Jesu Wundertaten große Bedeutung zugemessen hat.

Die Interpreten des Neuen Testaments lassen jedoch vielen Geschichten gegenüber eine spürbare Unsicherheit und Zurückhaltung des Urteils erkennen. Was haben Jesu Wundertaten dem heutigen Menschen zu sagen? Was für eine Wirklichkeit wird da beschrieben? Und wie ist ein historischer Kern dieser breiten Überlieferung zu bestimmen? Zwar liegt eine Fülle von gelehrten Untersuchungen vor, die den Hintergrund der Wunderüberlieferung aufzuzeigen und ihre Botschaft zu erheben suchen. Doch bleibt der Ertrag für das Verständnis neutestamentlicher Theologie auffallend gering. In den Darstellungen neutestamentlicher Theologie wird der Überlieferung von Jesu Wundertaten – wenn überhaupt – nur geringer Umfang zugebilligt.[2] Hat es doch den Anschein, als wüsste man in Verkündigung und Lehre unserer Zeit den alten Geschichten keinen wesentlichen Beitrag für Theologie und Kirche zu entnehmen.

Die Evangelien erzählen auf der einen Seite von Jesu Verkündigung, auf der anderen aber wird von Ereignissen berichtet, die sich in seiner öffentlichen Wirksamkeit zugetragen haben, seinen Wundertaten und seinem Heilandswirken. Schon in früher Zeit wurden alte Glaubensformeln, die von Passion, Kreuz und Auferstehung Jesu handeln, um einen Hinweis auf die Ereignisse und Wundertaten erweitert: „wie Gott Jesus von Nazaret gesalbt hat mit heiligem Geist und Kraft; der ist umhergezogen und hat Gutes getan und alle gesund gemacht, die in der Gewalt des Teufels waren; denn Gott war mit ihm“ (Apg 10,38; vgl. auch Apg 2,22–24). Und der Evange-

list Lukas bestimmt im Vorwort, das er seinem Buch voranstellt, mit betonter Hervorhebung, „die Ereignisse (bzw. Geschichten)" weiterzugeben, die die ihm vorangegangenen Diener am Wort getreulich überliefert haben (Lk 1,1-4).
Das Neue Testament selbst stellt mithin die Aufgabe, nicht nur einzelne Perikopen, die von Jesu Wundertaten handeln, mit gebotener Sorgfalt zu exegesieren, sondern darüber hinaus den bestimmenden großen Zusammenhang aufzuweisen, in den die Evangelisten die Wundertaten Jesu eingeordnet haben. Es ist nicht nur zu erheben, was sich einst ereignet haben mag, sondern auch die Frage zu bedenken, was die Berichte von Jesu Wundertaten im großen Zusammenhang neutestamentlicher Theologie zu besagen haben. Dabei sind die einzelnen Perikopen im Licht religionsgeschichtlichen Vergleichs mit außerchristlichen Wundergeschichten zu betrachten.[3]

Zunächst soll der Horizont bestimmt werden, vor den die Evangelisten die Wundergeschichten rücken. Und dann sind die verschiedenen Arten und Formen zu charakterisieren, in denen die urchristliche Überlieferung auf vielfältige Weise von Jesu Wundertaten Kunde gibt.[4] Am Ende ist die Frage zu bedenken, was die Geschichten von Jesu Wundertaten für die Verkündigung des Evangeliums zu sagen haben – damals, aber auch heute.

Anmerkungen

1 Vgl. G. Theißen, Urchristliche Wundergeschichten, StNT 8, Gütersloh 1974 (⁶1990), 274.

2 Vgl. beispielhaft R. Bultmann, Theologie des Neuen Testaments, Tübingen 1953 (⁹1984), 604: Register mit Angaben der wenigen einschlägigen Stellen; J. Jeremias, Theologie des Neuen Testaments I. Die Verkündigung Jesu, Gütersloh 1971 (= ³1979), 90–96: mit treffsicherer kurzer Gestaltung. Doch siehe auch U. Wilckens, Theologie des Neuen Testaments I, Neukirchen-Vluyn 2002, 139–163.

3 Da die synoptischen Evangelien die ältesten Quellen sind, die über Jesu Verkündigung und seine Wirksamkeit berichten, richtet sich unsere Aufmerksamkeit auf deren Texte, um aus ihnen zu erheben, was die urchristliche Überlieferung über Jesu Wundertaten zu sagen hat.

4 Vgl. M. Dibelius, Die Formgeschichte des Evangeliums, Tübingen ³1959 (= ⁵1966), 22.

I. Grundlegung: Die Wundertaten Jesu – Fragen und Aufgaben

1 Die Wundertaten Jesu im Licht antiker Vorgaben

1.1 Dem Wort „Wunder“ ist ein weiter Rahmen vielseitiger Bedeutung eigen. Im *Alten Testament* fehlt ein entsprechender Begriff, der mit einem einzigen Wort die Weite der unterschiedlichen Vorstellungen aufzeigen könnte und sagen, was unter „Wundern“ zu verstehen ist.[1]

Des öfteren wird von „Machttaten“ gesprochen (Dtn 3,24; Ps 20,7; Hi 26,14 u. ö.). In gleicher Bedeutung ist die Rede von „Großtaten“ (2Sam 27,23; Hi 5,9; 9,10 u. ö.). „Zeichen“ weisen auf außerordentliche Geschehnisse hin (Num 14,22; Jos 24,17 u. ö.). Und „Wahrzeichen“ deuten auf endzeitliche Ereignisse (Ex 4,21; 7,9 u. ö.). „Feldzeichen“ zeigen, in welche Richtung zu marschieren ist (Jes 49,22; 62,10 u. ö.). Durch Zusammenfügung der beiden Begriffe „Zeichen und Wunder“ wird auf Gottes Handeln in der Geschichte hingewiesen (Dtn 4,34; 6,22; 7,19; 26,8; 29,2 u. ö.). Mit den verschiedenen Ausdrücken „wird das Unbegreifliche, was den Menschen in Erstaunen versetzt“, angezeigt.[2]

Im *neutestamentlichen Sprachgebrauch* werden wie im Alten Testament verschiedene Begriffe verwendet, um wunderhaftes Geschehen zu benennen[3]: „Heilungen“ (Mk 1,29ff.); „Macht über Wind und Meer“ (Mk 4,35–41); „Metamorphosen“ (Mk 9,2f. Par.); „wirksame Verfluchungen“ (Mk 11,14 Par.). In den Vordergrund treten die Begriffe „Wunder und Zeichen", „Wundergeschehen" (πράγματα *pragmata*) und „Zeichen" (σημεῖα *sēmeia*), Ereignisse, auf die hingewiesen wird, sind dadurch als Geschehnisse charakterisiert, die den Rahmen üblicher Erfahrungen sprengen und betroffene Aufnahme auslösen.

Unter einem Wunder wird mithin ein Handeln Gottes verstanden, das nicht aus der Lebenswelt der betroffenen Menschen hergeleitet werden kann, sondern sich „contra naturam" ereignet hat. Dabei will beachtet sein, dass der antike Mensch nicht von Naturgesetzen hätte reden können, denen alles Geschehen in der Welt unterworfen sei. Der Begriff „Wunder", dem eine Vielzahl griechischer Wörter zugehört, ist daher in möglichst weit gefasster Bedeutung zu verstehen, in der „die Grenzen normaler Lebenswelt überschritten werden"[4]. Das Ereignis eines Wunders ist aus dem Lauf alltäglicher Erfahrungen herausgehoben, indem es sie deutlich übersteigt. Wunder können daher „von Gott oder mit Gottes Kraft gewirkte, menschliche Möglichkeiten übersteigende Geschehnisse" genannt werden.[5]

Der Übergang von der alltäglichen Lebenswelt zum Bereich vom Jenseits geleiteten Geschehens kann fließend sein, ohne dass der antike Mensch genau zu sagen wüsste, wo das eine endet und das andere beginnt. Grundsätzlich ist jedoch nicht strittig, dass es wunderhafte Begebenheiten geben könne.[6] Mit Worten erschrockenen Entsetzens wird bezeugt: „So etwas haben wir noch nie gesehen." (Mk 2,12 Par.; vgl. auch Mt 9,33: „So etwas ist noch nie in Israel gesehen worden.")

1.2 Wird mit diesen Worten der außerordentliche Rang hervorgehoben, der den Wundertaten eignet, so stellen auch Jesu Wundertaten Ereignisse dar, wie sie die alte Welt *in manchen vergleichbaren Erscheinungen* kannte. In den Büchern des *Alten Testaments* finden sich mancherlei Erzählungen von außerordentlichen Ereignissen, durch die der Gott Israels sein Volk zur Umkehr rufen wollte. In besonderer Häufung ist im Zusammenhang der Berichte über die Propheten Elia und Elisa von Eingriffen Gottes in das irdische Geschehen die Rede.

Der Zusammenhang der Elia/Elisa-Geschichten wird mit der

Erzählung von der Witwe von Sarepta und Elias Einkehr in ihr Haus eröffnet. Der Verlauf dieser Begegnung hebt an mit dem Gotteswort: „Das Mehl im Topf soll nicht verzehrt werden, und dem Ölkrug soll nichts mangeln bis auf den Tag, an dem der Herr regnen lassen wird auf Erden." (1Kön 17,14) Auf Bitten des Propheten bereitet die Frau aus den letzten Speiseresten, die sie in dieser Zeit allgemeinen Hungers noch hatte, für ihn ein erquickendes Mahl. Da bewahrheitete sich die Gotteszusage: „Das Mehl im Topf wurde nicht verzehrt, und dem Ölkrug mangelte nichts nach dem Wort des Herrn, das er durch den Propheten geredet hatte." (V. 16)

Wenig später – so heißt es weiter – wurde der Witwe ihr Sohn genommen, so dass sie sich klagend an den Gottesmann mit der Nachricht wendet, die Erkrankung ihres Sohnes sei so schwer gewesen, dass kein Odem mehr in ihm blieb. (V. 17) Elia trug daraufhin den toten Sohn ins Obergemach, wo er wohnte, und legte ihn auf sein Bett. Dann rief er den Herrn an und sprach: „Herr, mein Gott, tust du sogar der Witwe, bei der ich ein Gast bin, so Böses an, dass du ihren Sohn tötest?" (V. 20) Dann legte sich der Prophet dreimal auf das Kind, rief den Herrn an und sprach: „Herr, mein Gott, lass sein Leben in das Kind zurückkehren." (V. 21) Da wurde das Gebet des Elia erhört, und das Kind wurde wieder lebendig. (V. 23) Die tief beeindruckte Mutter sprach daraufhin zum Propheten: „Nun erkenne ich, dass du ein Mann Gottes bist, und des Herrn Wort in deinem Munde ist Wahrheit." (V. 24)

Vor aller Öffentlichkeit konnte Elia die Hoheit des Gottes Israels demonstrieren, indem er am Berg Karmel ein Gottesurteil über die Propheten des Baal herabrief. Auf sein Gebet hin fiel Feuer vom Himmel und fraß „Brandopfer, Holz und Steine und Erde und leckte das Wasser auf im Graben." (1Kön 18,38) Nach diesem Triumph über die falschen Propheten musste Elia vor dem Zorn des Königs Ahab fliehen und am Berg Horeb Schutz suchen. Dort widerfuhr ihm ein Gotteszeichen, indem ein stilles, sanftes Sausen vom Himmel herabkam und dem Propheten die Zusage gegeben wurde: „Ich will übrig lassen siebentausend in Israel, alle Knie, die sich nicht gebeugt haben vor Baal, und jeden Mund, der ihn nicht geküsst hat." (1Kön 19,18)

Das Werk des Elia wurde dann durch den prophetischen Nachfolger fortgeführt. Als Schüler seines Lehrers wurde er berufen, ehe dieser in feurigem Wagen gen Himmel fuhr. (2Kön 2,11–14) Wie der Prophet Elia wunderbare Erlebnisse gehabt hatte, so erging es auch dem Elisa. Mit dem Mantel des Vorgängers schlug er in ein Wasser. Da zerteilte es sich nach beiden Seiten, so dass Elisa hindurchgehen konnte. (V. 14)

Dem Vorbild des Meisters folgend, vermochte Elisa einer trauernden Mutter ihr totes Kind wieder zum Leben zu erwecken. (2Kön 4,8–37) Als er dann einer Hungersnot in Gilgal begegnete, konnte er schädliche Speise gesund machen und eine große Schar von Menschen mit zwanzig Broten speisen. (2Kön 4,38–44) In diesem Kranz von wunderbaren Geschehnissen finden sich wiederholt Anklänge an die Exodustradition des Volkes Israel: Zerteilung einer Wasserfläche, so dass man trockenen Fußes mitten hindurchgehen konnte – wunderbare Speisung und gnädige Bewahrung des Volkes.

In den prophetischen Überlieferungen des Alten Testaments wird auf der einen Seite von der Botschaft, die der Prophet auszurichten hatte, Bericht gegeben, auf der anderen Seite aber auch erzählt, welches Geschick den Propheten seiner Verkündigung wegen traf. Im Buch des Propheten Jeremia wird zunächst dargestellt, wie der Gottesbote die ihm aufgetragene Botschaft über das ungehorsame Volk ausrichtete. (Jer 6) Später folgt dann ein zweiter Bericht, der von der Klage des Jeremia gegenüber seinem Gott handelt, nachdem er schwere Misshandlung hatte erdulden müssen. (Jer 19,14–20,18) Am Ende aber lässt sich Jeremia trösten durch gnädigen Zuspruch seines Gottes, so dass die Erzählung in eine Aufforderung zu Lob und Preis des Herrn mündet. (V. 13)

1.3 Im *nachbiblischen Judentum* fügte man eine große Vielzahl an Wundergeschichten der alttestamentlichen Überlieferung hinzu. Hier ist nicht der Ort, in kritische Überlegungen über die Frage einzutreten, wieweit diesen Erzählungen ein historischer Kern innewohnen mag und wo die Legende die ihr eigene Sprache spricht. Die Breite einer großen Vielfalt von Wundergeschichten, von denen im antiken Judentum erzählt wurde, zeigt jedoch in großer Anschaulichkeit, wie frommen Menschen immer wieder staunenerregende Begebenheiten widerfuhren, die sie als von Gott gewirkt verstanden, ohne weiter nachzufragen und zweifelnde Überlegungen anzustellen.[7]

Einige Beispiele seien zur Veranschaulichung kurz genannt. Dabei fällt auf, dass respektvolle Beachtung von wunderhaften Geschehnissen und Taten göttlicher Widerfahrnisse ebenso im antiken Judentum wie auch in der spätantiken *hellenistischen Welt* weit verbreitet waren. Erlebte Geschehnisse wunderhaften Charakters ordnete man jeweils in den weiten Bereich außerordentlicher Begebenheiten vor dem Hintergrund überkommener großartiger Geschehnisse ein. In der gesamten Spätantike war nicht strittig, dass man dessen gewärtig zu sein hatte, Zeuge staunenswerter Wundertaten werden zu können. Solche Ereignisse, die man nicht zu erklären wusste, führte man auf göttliche Sendung zurück.[8]

In jüdischen Wundergeschichten, deren Ursprung und Überlieferung der Zeit der Evangelien nahesteht, wird wiederholt erzählt, wie das Gebet eines frommen Gelehrten langer Zeit der Trockenheit ein Ende zu bereiten und Regen herbeizuholen wusste.[9] Naturwundern sind Dämonenaustreibungen sind wunderbare Heilungen kranker Menschen an die Seite zu stellen. Über Heilungen von schwerem Leiden belasteter Menschen gehen Totenerweckungen noch hinaus. Blinde können wieder sehend gemacht werden, und stürmisches Unwetter kann durch nachdrücklichen Befehl oder vertrauendes Gebet zur Ruhe gebracht werden. Welchen Rang im Einzelnen einer Wunderbegebenheit beizumessen ist, hängt nach jüdischem Urteil jeweils von der Stimmigkeit im Verhältnis zur Tora ab. Ihr gebührt der höchste Rang zu jeder Zeit und bei jeder Gelegenheit. Deshalb haben die Rabbinen sich auch nicht durch blendenden Schein beeindrucken lassen, sondern alle Erfahrungen dem kritischen Vergleich mit der Tora unterworfen.[10] Wundertaten können daher nach jüdischem Verständnis „niemals Erkennungszeichen einer höheren Prophetie sein“.[11]

1.4 Solche Begrenzung gibt es in der *hellenistischen Umwelt* nicht, sondern man sieht sich betroffen durch eine große Vielfalt wunderhafter Geschehnisse und Eindrücke.[12] Um Jahrhunderte älter als urchristliche Wundergeschichten sind Berichte, Votivtafeln und Inschriften, die in Epidaurus auf wunderbare Heilungen hinweisen, die der Heilgott gewirkt hat.[13] Dabei wird auch ärztliche Kunst dankbar gepriesen. Durfte man doch annehmen, dass göttliche Kräfte auch durch Handeln der Ärzte wirken. Ihrer Hilfe wusste man sich zur Abwehr von Leiden und Krankheiten zu bedienen. Wo jedoch Ärzte keine Hilfe zu geben vermochten, da konnte nach allgemeiner Überzeugung die Anrufung der Gottheit gleichwohl Hilfe gewähren.[14]

Inschriften und aufgezeichnete Berichte rückten glückliche Erhörung der an Asklepios gerichteten Gebete in den Vordergrund der Aufmerksamkeit. Doch nicht nur als Helfer gegen Krankheiten und Leiden wurde die Gottheit angerufen, sondern auch um Errettung aus mancherlei Notlagen gebeten. Wunderbare Hilfe wurde dann in mancherlei überraschenden Geschehnissen erfahren. Dämonen, die sich kranker Menschen bemächtigt hatten, wurden ausgetrieben. Zauberkräftige Formeln und Sprüche konnten Macht über die bösen Geister gewinnen. Und selbst von Totenerweckungen wusste man in der hellenistischen Welt zu erzählen.[15]

Auch Naturwunder gehörten zum breiten Strom der Überlieferung. So wusste man zu rühmen, dass ein in Seenot geratenes Schiff heil durch die Wellen infolge laut gerufener Gebete an sein Ziel gelangte.[16] Sahen sich Wanderer oder Pilger Gefahren einer Hungersnot ausgesetzt, so konnte demütiges Gebet wunderbare Speisung heraufführen. So wusste man sich bei vielen Gelegenheiten und an manchen Orten von überirdischer Hilfe getragen und gerettet.[17] Wunder widerfuhren antiken Menschen sowohl durch überraschende Hilfe wie auch als Folge zauberhafter und magischer Handlungen. Kranken und leidenden Menschen konnte Wiederherstellung ihrer Gesundheit zuteil werden.[18] Menschen der alten Welt, die ihr Lebensgeschick nicht nach Maßstäben moderner Naturwissenschaft beurteilten, konnten auch in schlimmen Widerfahrnissen darauf hoffen, dass göttliches Eingreifen und überirdische Hilfe ihnen Genesung und Rettung schenken könnten.

1.5 Die hier in Kürze aufgeführten Beispiele antiker Wundergeschichten können andeutend beschreiben, in wie hohem Maß man sich von Erwartungen wunderbarer Hilfe geleitet wusste. In diese Welt trat *Jesus* in seinem öffentlichen Wirken ein. In den Berichten über seine Wundertaten finden sich viele Züge, die durchaus vergleichbaren antiken Begebenheiten ähnlich sind. Jesus ist an Betten kranker Menschen getreten und hat ein Machtwort gesprochen, das bewirkt, dass sie sich als genesen erheben und geheilt ihres Weges ziehen. Blinde rufen ihn an, wenn er ihnen nahe kommt. Durch ein Machtwort oder durch Berührung mit seiner heilenden Hand fällt es wie Schuppen von ihren Augen, so dass sie plötzlich sehen können. Umstehende Zeugen werden von verwundertem Staunen ergriffen und tragen die Kunde von Jesu Heilandswirken in die nahe Umgebung, so dass sich betroffene Ergriffenheit eines größeren Kreises von tief beeindruckten Menschen bemächtigt.[19]

Nicht nur gegen Krankheiten und dämonische Besessenheit weiß Jesus machtvoll einzugreifen, sondern auch gegenüber der Natur tritt er – nach den Berichten der Evangelien – auf. Als das Schiff, in dem er sich mit seinen Jüngern befindet, durch einen plötzlich aufkommenden Sturm in Not geriet, kann er durch sein kraftvolles Befehlswort den Sturm bannen und die Wasser beruhigen, so dass das Boot wohlbehalten ans Ufer gelangt. (Mk 4,35–41 Par.)

Dem Interpreten dieser Erzählungen ist die Aufgabe gestellt, die Berichte über Jesu Wundertaten vergleichbaren antiken Geschichten gegenüberzustellen. Durch sorgfältige Exegese ist dann herauszuarbeiten, wo und wie die Wunder bewirkenden Züge hier wie dort einander ähnlich sind. Wie weit jedoch in den Berichten der Evangelien historische Ereignisse zugrunde liegen oder aber in der Freude am Erzählen andere Geschichten Gestalt gewonnen haben, ist in der Untersuchung der einzelnen Berichte zu klären. Dabei ist freilich wahrzunehmen, dass in der mündlichen Überlieferung „die Tendenz" zu beobachten ist, die Wunder zu steigern.[20] Dieser weite Spannungsbogen will daraufhin geprüft werden, wie der Überlieferungsprozess von der frühesten Fassung einer einzelnen Begebenheit bis zum Endstadium in der uns vorliegenden Fassung der Evangelisten verlaufen ist. Das aber heißt: von legendär überformter Fassung zurück zum historischen Anfang.[21]

Dabei will beachtet sein, wo und wie Abgrenzungen gegenüber Missbrauch oder trügerischer Zauberei vorgenommen werden. Die neutestamentlichen Zeugen sind sich durchaus dessen bewusst, dass auch der Satan und seine Knechte Wunder verrichten können, um dadurch Menschen zu verführen. Von solchem Handeln sind die Wundertaten Jesu scharf abgehoben. Auch lehnt er jedes Ansinnen entschieden ab, durch Wundertaten diese oder jene Legitimation für seine Stellung und sein Handeln vorzunehmen.[22]

Dieser Ausrichtung des Handelns Jesu entspricht der Sachverhalt, dass sich in der neutestamentlichen Überlieferung keine sog. Strafwunder befinden. In der Umwelt des Neuen Testaments kennt man durchaus solche Wundertaten, die aus verschiedenen Anlässen Menschen wegen ihres Verhaltens als Strafe treffen. Jesu Wundertaten sind dagegen stets durch helfende Zuwendung charakterisiert.

Als gewisse Ausnahme von diesem Befund könnte man die Geschichte von der Verfluchung des unfruchtbaren Feigenbaumes ansehen. (Mk 11,12–14 par. Mt 21,18f.) Doch der richterliche Spruch ist nicht gegen Menschen, sondern zeichenhaft gegen einen Baum gerichtet. Daher kann diese Geschichte hier außer Betracht bleiben.[23]

Anmerkungen

1 Vgl. H.-J. Fabry, RGG[4] VIII, 1717.

2 Vgl. Fabry, ebd., 1718.

3 Vgl. S. Alkier, RGG[4] VIII, 1719. Vgl. auch C. F. D. Moule (Hg.), Miracles, London 1965, 235–243 und X. Léon-Dufour, Les miracles des Jésus, Paris 1977, 24–27.

4 Vgl. G. Theißen, Wundergeschichten, 1974 ([6]1990), 281.

5 Vgl. S. Alkier, Wunder und Wirklichkeit in den Briefen des Apostels Paulus – Ein Beitrag zu einem Wunderverständnis jenseits von Entmythologisierung und Rehistorisierung, WUNT I, 134, Tübingen 2001, 306.

6 Vgl. H. Weder, Wunder Jesu und Wundergeschichten, in: VuF 29 (1984), 25–49.29: „Wer ein historisches Urteil über die Wunder Jesu fällen will, muss die Bereitschaft haben, ein differenziertes Ergebnis entgegenzunehmen." H. Jonas gibt zu bedenken: „Bei den Wundern ist zu unterscheiden zwischen solchen, die der Natur zuwiderlaufen, und solchen, die nur außerordentliche Ereignisse darstellen, bei denen das Wunderbare nicht so sehr in ihnen selbst als in ihrem gerade Dann und Da liegen, d. h. in ihrem Zusammentreffen mit einer menschlich bedeutsamen, aufs äußerste zugespitzten Situation. Nur die ersteren sind streng

unmöglich, und dazu gehören natürlich jene erwähnten, die ein ganzes abgetanes Weltbild involvieren und in dem berichtigten einfach ihren Sinn verlieren." Vgl. H. Jonas, Im Kampf um die Möglichkeit des Glaubens, in: O. Kaiser (Hg.), Gedenken an Rudolf Bultmann, Tübingen 1977, 41–70.55.

7 Vgl. die Zusammenstellungen von Überlieferungen, die zum Vergleich mit neutestamentlichen Texten Beachtung verdienen: P. Fiebig, Jüdische Wundergeschichten des neutestamentlichen Zeitalters, Tübingen 1911 und R. Bultmann, Die Geschichte der synoptischen Tradition, FRLANT 29, Göttingen [2]1931 ([7]1967), 247–253; A. Oepke, ThWB III, 205–215.

8 Zu Wundergeschichten aus dem spätantiken Judentum vgl. Fiebig, a. a. O.

9 Genauere Vergleiche im Folgenden im Zusammenhang der einzelnen Perikopen.

10 Vgl. B. Gerhardsson, Memory and Manuscript / Oral Tradition in Rabbinic Judaism and Early Christianity, ASNU XXII, Uppsala 1961, 202f.213; P. Schäfer, Die Torah in der messianischen Zeit, ZNW 65 (1974), 27–42; K. Hruby, Perspectives Rabbiniques sur le Miracle, in: X. Léon-Dufour (Hg.), Les Miracles de Jésus, Paris 1977, 73–94; H. Weder, a. a. O. (s. Anm. 6), 29.

11 Vgl. Weder, ebd., 34.

12 Vgl. O. Weinreich, Antike Heilungswunder, RVV 1, Gießen 1909; Bultmann, Synopt. Tradition (s. Anm. 7), 227–253; A. Oepke, a. a. O. (s. Anm. 7), 205–315; M. Dibelius, Formgeschichte des Evangeliums, Tübingen [3]1953 (= [5]1966), 149–172.

13 Zahlreiche Beispiele bei Bultmann und Oepke, a. a. O.

14 Belege bei Oepke, a. a. O., 205.

15 Vgl. Bultmann, a. a. O., 248f.

16 Vgl. Bultmann, a. a. O., 249f.

17 Eine Sammlung einschlägiger Beispiele im Urtext bietet G. Delling, Antike Wundertexte, KIT 79, Berlin [2]1960. Vgl. auch G. Delling, Zur Beurteilung des Wunders durch die Antike. Studien zum Neuen Testament und zum hellenistischen Judentum, Berlin/Göttingen 1970, 53–71; Wunder – Allegorie – Mythus bei Philon von Alexandrien, ebd., 72–129; Josephus und das Wunderbare, ebd., 130–145; Das Verständnis des Wunders im Neuen Testament, ebd., 53.

18 Vgl. Delling, a. a. O., 53.

19 Vgl. R. Bultmann, Jesus, Tübingen 1951, 145–151; J. Jeremias, NT Theologie I, 1971 ([3]1979), 90–96.

20 Vgl. Jeremias, a. a. O., 90.

21 Zu dieser Aufgabe vgl. J. Jeremias, Die Gleichnisse Jesu, Zürich 1947, Göttingen [11]1998.

22 Vgl. Bultmann, a. a. O., 273–275.

23 Vgl. Bultmann, ebd., 232f.246.

2 Bezeichnungen und Erzählformen von Wundertaten Jesu

2.1 Wie im Alten gibt es auch im Neuen Testament *keinen einheitlichen Begriff*, um Wundertaten zu benennen (s. o. S. 11). In den Evangelien wie auch in den übrigen urchristlichen Schriften finden sich etliche Wörter, die auf ein Wundergeschehen hinweisen.[1] Vielfach werden Wundertaten „Zeichen“ genannt, Ereignisse, die auf die besondere Botschaft aufmerksam machen wollen, auf die es ankommt (σημεῖα *sēmeia* Mk 8,11f.; Mt 12,38; 16,1; Lk 11,29f. u. ö.).[2] Wie im Alten Testament findet sich auch im Neuen die Wendung σημεῖα καὶ τέρατα *sēmeia kai terata,* die umfassend auf „Zeichen und Wunder“ hindeutet (Mk 13,22; Mt 24,24).[3] Andere Bezeichnungen sind „Krafttaten“ (δυνάμεις *dynameis* Mk 6,2; Mt 11,20f. u. ö.) oder „Werk“ (ἔργον *ergon* Mt 11,2). Durch die Verwendung verschiedener Begriffe wird darauf aufmerksam gemacht, dass Jesu Wundertaten ihren Ort in unterschiedlichen Zusammenhängen haben, deren Bedeutung aus dem jeweiligen Kontext zu erheben ist. Was immer Jesus verkündigt oder ins Werk setzt, stets geht es darum, von Gottes Barmherzigkeit Zeugnis zu geben. Der gnädige Gott gibt sich durch eine Vielfalt von Taten und Werken zu erkennen, durch die Jesus auf den einen Gott hinweist, der ihn gesandt hat. Zeichen und Wunder brechen in diese Welt ein und deuten über sich hinaus darauf hin, dass Gottes Herrschaft nahe herbeigekommen ist und durch Jesu Wirksamkeit Zeichen aufleuchten lässt, die unübersehbar und unüberhörbar die Hörer dieser Botschaft zu Umkehr und Glauben herausfordern.

2.2 Der Vielfalt von Begriffen, mit denen auf Wundertaten aufmerksam gemacht wird, entspricht die umfassende, durch *Jesu Wirksamkeit* ausgelöste Weite und Tiefe der in den Wundern und Zeichen angezeigten Erneuerung. Von den einzelnen Wundertaten kann kurz und knapp in nur wenigen Worten berichtet werden: so zur Heilung der erkrankten Schwiegermutter des Petrus (Mk 1,29–31 Par.). Es kann aber auch ausführlich erzählt werden, was sich zugetragen hat: so die Befreiung eines Besessenen von den bösen Geistern, die ihn gefangen hielten (Mk 5,1–20 Par.). Je nachdem, ob in kurzem Bericht oder in weit ausholender Erzählung von Wundertaten Jesu Nachricht gegeben wird, fällt dann auch die Reaktion der Zeugen aus: als kurzer Ruf erstaunter Verwunderung oder als ausführliche Darstellung, die nicht nur betroffenes Erstaunen, sondern auch ein schmunzelndes Lächeln hervorrufen mag.

Die unterschiedlich gestalteten Berichte lassen sich nicht einer einheitlichen Gestalt von Wundergeschichten einordnen, sondern stellen eine bunte Vielfalt von Erzählformen dar. In seiner grundlegenden Studie über „Die Formgeschichte des Evangeliums“[4] hat *M. Dibelius* in das bunte Gewirr Ordnung bringen wollen, indem er die Geschichten jeweils unterschiedlichen Gattungen zuordnete. Kürzer gefasste Erzählungen wurden von ihm als *Paradigmen* bezeichnet.[5] Die kurz gehaltenen Stücke haben beispielhafte Bedeutung und werden daher oft mit einem abschließenden Satz charakterisiert, der die Summe des Erzählten anzeigen soll, so z. B. in kurzen Schlusswörten wie Mk 2,28 Par.: „So ist der Menschensohn ein Herr auch über den Sabbat“ oder Mk 3,6 Par.: „Und die Pharisäer gingen hinaus und hielten alsbald Rat über ihn mit den Anhängern des Herodes, wie sie ihn umbrächten.“

Im Leben der frühen Christenheit dienen Erzählungen von Jesu Wundertaten als aussagekräftige Beispiele der Christusverkündigung.[6] Dem Paradigma wird dann die *Novelle* gegenübergestellt, die dem Erzähler und dem Lehrer größeren Raum anbietet.[7] In weit ausholender Darstellung treten Worte Jesu zurück und wird in betonter Weise von Jesus als Thaumaturgen gehandelt.[8] Des öfteren werden „Heilungs- und Erweckungswunder mit Hilfe einer wundertätigen Formel vollzogen“[9]. Im Unterschied zu den Paradigmen lassen die Novellen ein deutliches Interesse erkennen, das ein Erzähler am Vorgang des Wunders zeigt. (Vgl. z. B. Mk 5,21–43 Par.) Am Schluss solcher Geschichten wird dann der Erfolg der vollzogenen Tat festgestellt.[10] So wird das Mädchen, das zum Leben wiedererweckt wurde, aufgefordert zu essen, damit alle Leute sehen können, was sich zugetragen hat. Stärker als die Paradigmen bedienen sich die Novellen gebräuchlicher Wendungen, wie sie auch in der Umwelt des Neuen Testaments verwendet wurden. Mit den novellistischen Motiven dringt „ein Stück ‚Welt' in das christliche Leben ein; in der Verchristlichung dieses Stückes ‚Welt', die energischer durchgeführt wird als bei den Werken der späteren christlichen Unterhaltungsliteratur …, die diese novellistische Erzählweise noch heute auf den Leser ausübt".[11] In den sog. Novellen wird die Hoheit des Kyrios anhand seines überlegenen Handelns dargestellt, so dass in seinem Wirken die Herrschaft Christi im Gegensatz zu anderen sog. Heilsbringern deutlich hervorgehoben wird.[12]

Mit Hilfe der Unterscheidung von Paradigma und Novelle hat *Dibelius* zu den Wundergeschichten, die er diesen beiden Gattungen zuordnet, einzelne charakteristische Züge und Unterschiede durchaus treffend beobachtet. Doch weder lassen sich alle Wundergeschichten einer dieser beiden Gattungen zuordnen, noch können weitere hinzugenommene Formen der Erzählung den gesamten Stoff aufnehmen. Daher erscheint es aussichtsreicher, nicht nach vorgegebenen Gattungen, sondern nach der jeweils angesprochenen inhaltlichen Thematik die breite Überlieferung einzuteilen.

R. Bultmann hat in seiner „Geschichte der synoptischen Tradition" die einzelnen Erzählungen jeweils den Heilungsgeschichten oder den Naturwundern zugeordnet.[13] Auf eine weitere Feingliederung hat er jedoch verzichtet. Dabei wird auch geprüft, ob ein historisch fassbares Ereignis zugrunde liegt oder wo und wie Motive aus der Umwelt in die Jesusüberlieferung aufgenommen wurden.

2.3 *Heilungsgeschichten* nehmen in der synoptischen Tradition breiten Raum ein und zeichnen sich sowohl durch Aufnahme von Motiven aus der Umwelt der Spätantike wie auch durch Hinweise auf überkommene urchristliche Vorgaben aus. Daher empfiehlt es sich, den von *Bultmann* vorgezeichneten Weg weiter zu verfolgen und die breite Überlieferung von Heilungsgeschichten nach folgenden Themen zu ordnen: Krankenheilungen – Dämonenaustreibungen – Blindenheilungen – Totenerweckungen – und am Ende Naturwunder.[14]

Bei der Durchmusterung der vielen Wundergeschichten lässt sich beobachten, dass die einzelnen Erzählungen vielfach einem bestimmten Aufriss folgen, der der Bedeutung und Größe des erfahrenen Wunders gerecht werden will.[15] Je schlichter von einer

Wundertat Jesu Bericht gegeben wird, um so näher steht sie dem historischen Überlieferungskern.

Ehe es zur Begegnung mit dem helfenden Retter kommt, weisen die Erzählungen häufig darauf hin, dass ein leidender Mensch längere Zeit unter der Last von Krankheit oder Besessenheit gelitten hat. Wie dieses Leiden ihn bedrückt hat, wird vielfach durch Schreien der bösen Geister, die über ihn Herr geworden sind, zum Ausdruck gebracht. Da weder Kunst von Ärzten noch helfende Versuche anderer haben Abhilfe schaffen können, richtet sich alle Hoffnung auf das Eingreifen des Heilbringers. Die Dämonen begreifen sogleich, dass ein mächtiger Helfer auf den Plan getreten ist, und suchen ihn zurückzuweisen, indem sie abwehrende Schreie ausstoßen. Damit ist das Leiden des erkrankten Menschen auf seinen Höhepunkt gekommen.[16]

Gegenüber der Hoheit des Helfers vermag kein Gegner standzuhalten oder ihn abzuwehren. Wo der Heiland auftritt, da bestimmt er alles weitere Geschehen. Die Dämonen vermag er niederzuhalten, indem er ihnen mit kraftvollem Wort gebietet zu schweigen. Dann wendet er sich dem Kranken zu, um genauer zu erfahren, was sein Leiden ausmacht, und an ihn die Frage zu richten, ob er in ungeteiltem Vertrauen dem Helfer und Retter gegenübersteht. Hat er diese Frage bejaht und voller Hoffnung seinen Blick auf den rettenden Helfer gerichtet, dann greift dieser mit hoheitsvollem Befehlswort oder auch durch Auflegung der Hände ein und spendet dem Hilfe suchenden Menschen Befreiung und Kraft zu Genesung und neuem Leben.

Die Größe des Geschehens, dessen Zeugen die umstehenden Leute geworden sind, wird am Ende vor aller Augen bestätigt und bezeugt, indem der geheilte Mensch sich seiner Glieder vollauf zu bedienen weiß. Die bösen Geister aber sind verschwunden und haben vor der heilenden Kraft des Retters kapitulieren müssen. Die Zeugen, die dieses Geschehen haben beobachten können, rufen voller Erstaunen, so etwas noch nie erlebt zu haben.[17] Am Ende wird des öfteren Weisung gegeben, über dieses Ereignis Schweigen zu bewahren, damit es nicht zu falschen Propagandazwecken missbraucht wird.[18]

Kritische Untersuchung vieler Wunderberichte führt zu dem

Ergebnis, dass es zwar einzelne vielfach verwendete Ausdrucksmittel gegeben hat, nicht aber eine fest vorgegebene erzählerische Gattung.[19] Vielmehr liegt eine breite, bunte Vielfalt von Berichten und Erzählungen vor. Schon gar nicht lassen sich sog. Naturwunder in einen einheitlichen Rahmen einspannen, der Erzählungen von Heilungswundern vergleichbar wäre.

2.4 Waren der urchristlichen Verkündigung sowohl Wunder-Überlieferungen jüdischer Texte wie auch aus hellenistischen Erzählungen vorgegeben, so konnte die frühe Christenheit sich je nach gegebener Situation *in der Umwelt geprägter Formen und Darstellungsmittel* bedienen und sie in neue, spezifisch christliche Zusammenhänge einfügen. Die urchristliche Verkündigung brauchte nur beherzt zuzugreifen, um neuen Wein in alte Schläuche zu füllen und die ihr aufgegebene Botschaft zu entfalten. In allen Wundergeschichten, von denen in den Evangelien gehandelt wird, steht Jesus von Nazaret als der Herr im Zentrum einer jeden Erzählung, so dass durch die Christusbotschaft Inhalt und Form urchristlicher Wunderberichte Gestalt gewinnen.

Am Christus-Evangelium ist der jeweils bestimmende Charakter einer jeden Wundergeschichte zu messen. Daraus aber folgt, dass gewisse Formen des Erzählens, wie sie die Umwelt verwendete, nicht aufgenommen wurden, weil sie nicht zum Inhalt der Christus-Botschaft passten. Hierzu gehört z. B. die bereits erwähnte Beobachtung, dass von Jesus keinerlei Strafwunder überkommen sind (s. o. S. 18). Von Magie oder Zauberei wird nicht gehandelt. Und mit schroffer Ablehnung weist Jesus das Ansinnen zurück, sich durch ein „Zeichen“ zu legitimieren: „Was fordert doch dieses Geschlecht ein Zeichen? Wahrlich, ich sage euch: Es wird diesem Geschlecht kein Zeichen gegeben werden.“ (Mk 8,12 Par.)

Die Geschichte, die von Jesu Versuchung durch den Widersacher erzählt (Mt 4,1–11; Lk 4,1–13), berichtet, dass Jesus dreimal das an ihn gerichtete Ansinnen zurückweist, durch ein unwiderlegliches Zeichen seine göttliche Berufung auszuweisen. Weder findet er sich bereit, aus Steinen Brot zu machen, noch nimmt er das Ansinnen auf, sich von der Zinne des Tempels hinunterzustürzen. Unter keinen Umständen lässt er sich dazu verführen, vor dem

Satan niederzufallen und durch einen Kniefall Macht über alle Reiche der Welt zu erhalten. Jeder dieser drei Versuchungen widersteht Jesus mit aller Entschiedenheit, indem er sich an ein Gotteswort hält, um Gott allein zu dienen.

Als Helfer und Retter kann und will Jesus da und dort handeln, wo ihm voller Vertrauen die Bitte um Hilfe entgegengebracht wird. Wo dieses Vertrauen aber nicht vorhanden ist, da ist er nicht bereit, sich durch vermeintlich mächtige Taten hervorzutun. In der Synagoge seiner Vaterstadt Nazaret stößt er auf abweisenden Unglauben, so dass er „nicht eine einzige Tat tun" konnte (Mk 6,1–6 Par.).

Steht in der urchristlichen Überlieferung zunächst die einzelne Wundergeschichte für sich allein da, so wurden alsbald einzelne Erzählungen miteinander verknüpft und zu größeren Zusammenhängen miteinander verbunden.[20] So wurden an die Geschichte von der Heilung des Besessenen von Gerasa (Mk 5,1–20 Par.) die Erzählungen von der Erweckung der Tochter des Jairus und die Heilung der blutflüssigen Frau angefügt (Mk 5,21–43 Par.). Dieser Vorgang der Verknüpfung wird bereits in der mündlichen Tradition eingesetzt haben. Die Evangelisten aber haben diesen Vorgang ihrerseits weitergeführt, so dass dem Messias des Wortes (Mt 5–7) der Messias der Tat (Mt 8–9) an die Seite gestellt wurde. Durch die Zusammenfügung mehrerer Wundergeschichten wurde das Zeugnis von Jesu Heilandswirken verstärkt und nachdrücklich unterstrichen.

Anmerkungen

1 Vgl. A. Fridrichsen, Le problème du miracle dans le Christianisme primitif, EHPhR 12, Strasbourg/Paris 1925 sowie B. Kollmann, Neutestamentliche Wundergeschichten, Stuttgart 2002 ([3]2011), 10f.

2 Hier und im Folgenden werden Belegstellen aus den synoptischen Evangelien aufgeführt; Nachweise zu den übrigen neutestamentlichen Schriften bei Fridrichsen und Kollmann, a. a. O.

[3] Zu den einschlägigen Stellen in den übrigen neutestamentlichen Schriften s. die Konkordanzen zum NT.

[4] M. Dibelius, Die Formgeschichte des Evangeliums, Tübingen [5]1966.

[5] Vgl. Dibelius, a. a. O., 34–66; vgl. die Übersicht auf S. 21f.

[6] A. a. O., 66.

[7] A. a. O., 66–100; vgl. die Übersicht auf S. 21f.

[8] A. a. O., 76.

[9] A. a. O., 80.

[10] Ebd.

[11] A. a. O., 100.

[12] A. a. O., 93.

[13] Vgl. Bultmann, Synopt. Tradition, [2]1931 ([7]1967).

[14] A. a. O., 223–260: „Der glänzendste Abschnitt in Bultmanns Geschichte der synoptischen Tradition", s. Jeremias, NT Theologie, 1971 (= [3]1979), 93. Vgl. auch die entsprechenden Erörterungen bei Kollmann, a. a. O., 61–64 und G. Theißen, Urchristliche Wundergeschichten, Gütersloh 1974 ([6]1990), 126–128; vgl. auch ebd. 318f.

[15] Vgl. Dibelius, a. a. O., 67; Bultmann, a. a. O., 229; Theißen, a. a. O., 129–174 sowie Kollmann, a. a. O., 9–64.

[16] Zum Aufriss einer Wundergeschichte vgl. Bultmann, a. a. O., 233–260.

[17] Vgl. Theißen, a. a. O., 154–174: zu den Akklamationen in den Wundergeschichten.

[18] Vgl. Theißen, a. a. O., 144–147.

[19] Vgl. K. Berger, Formgeschichte des Neuen Testaments, Heidelberg 1984, 305–310.

[20] Vgl. H. W. Kuhn, Ältere Sammlungen im Markusevangelium, StUNT 8, Göttingen 1971.

3 Die Christusbotschaft der Wundergeschichten und ihr Anhalt am historischen Jesus

3.1 Wie die frühe Christenheit von Wundertaten Jesu Zeugnis gab, ist aus der *synoptischen Tradition* zu erheben. Da von Jesu helfendem Handeln oft gesprochen wurde, stellten sich alsbald *Wiederholungen* und *Dubletten* der Überlieferung ein.[1] So erzählte man von einer wunderbaren Speisung, durch die Jesus eine große Menge Zuhörer satt gemacht habe. Doch einmal heißt es, es seien 5000 Menschen gewesen (Mk 6,35–44 Par.), in einem zweiten Bericht aber wird die Zahl von 4000 angegeben (Mk 8,1–9 Par.). Wiederholt wird berichtet, dass Jesus blinden Menschen das Augenlicht wiedergab (Mk 8,22–26 Par.; 10,46–52 Par.; Mt 9,27–31; 12,22). Es lässt sich durchaus denken, dass Jesus mehrfach eine Blindenheilung vollzogen habe. Doch liegt auch hier die Annahme nahe, dass in der wiederholten Weitergabe dieser Geschichte Dubletten entstanden, die sich nur geringfügig voneinander unterscheiden und auf eine gemeinsame Quelle zurückgehen.

Von Heilungen eines Taubstummen ist des öfteren die Rede (Mk 7,31–37; Mt 9,30–34; Lk 11,14). In der Fassung des Matthäusevangeliums wird das Leiden des Kranken gesteigert, indem ihm auch Blindheit zugeschrieben wird. An diesem Beispiel zeigt sich, dass im Fortgang der mündlichen Tradition bisweilen die Neigung zu erkennen ist, dass die Leiden, um deren Überwindung es geht, noch umfassender dargestellt werden als in den Anfängen urchristlicher Überlieferung.

Zweimal wird berichtet, wie Aussätzige durch Jesus geheilt wurden (Mk 1,40–45 Par.; Lk 17,11–19). Und vom wunderbaren Fischzug spricht das Lukasevangelium im Zusammenhang der öffentlichen Wirksamkeit Jesu (Lk 5,1–11). Im Johannesevangelium aber wird der wunderbare Fischzug als eine Ostergeschichte am Ende des Evangeliums erzählt (Joh 21,1–11). Bei genauer Prüfung dieser einander sehr ähnlichen Geschichten legt sich die Annahme nahe, dass in der ältesten Überlieferung zunächst von einer Begegnung mit dem auferstandenen Herrn die Rede war, dieses Geschehnis dann aber sekundär in die Anfänge der öffentlichen Wirksamkeit zurückgetragen wurde (vgl. u. S. 108).

Indem die Evangelisten die ihnen in mündlicher Tradition vorgegebenen Überlieferungen in schriftliche Fassung brachten, gaben sie den einzelnen Geschichten feste Gestalt und ihren bestimmten Ort.

3.2 In der Unterweisung der Gemeinden wurden *beispielhaft Rettungstaten* Jesu angeführt und mit einem zusammenfassenden Schlusssatz als Weisungen zu rechtem Verhalten der Christen versehen. So betonen die Berichte über Heilungen, die Jesus am Sabbat vollzogen hatte, jeweils einen kurzen Lehrsatz, der die Folgerungen für Leben und Verhalten der Christen zieht: „Der Sabbat ist um des Menschen willen gemacht und nicht der Mensch um des Sabbats willen." (Mk 2,27 Par.) Und als die Frage gestellt wurde: „Soll man am Sabbat Gutes tun oder Böses, Leben erhalten oder töten?" (Mk 3,4 Par.), machte das betretene Schweigen der umstehenden Leute deutlich, dass in diesem Satz keine Alternative aufgeführt ist, sondern es nur die eine unzweideutige Antwort geben kann: Gutes tun – Leben retten und erhalten, das ist das Gebot der Stunde.

Im Zentrum einer jeden Wundergeschichte steht *die hoheitsvolle Gestalt Jesu.* Auf ihn möchte die Verkündigung alle Aufmerksamkeit lenken. Durch Krankenheilungen, die Jesus öffentlich bewirkt hatte, handelt er als der Sohn Davids.[2] Und die Blindenheilungen bezeugen, dass Jesus das Licht der Welt ist. Vor ihm muss alle Finsternis weichen, damit sein Licht aufleuchten kann. Wo von Austreibungen von Dämonen die Rede ist, wird Jesus als Herr über die bösen Geister bezeugt. Die sog. Naturwunder preisen Jesus als Herrn auch über die Schöpfung. Und die Erweckungen verstorbener Menschen verkündigen Jesus als Sieger auch über den Tod. Wer sich an ihn hält, wird daher glaubend das ewige, wirkliche Leben empfangen.[3]

Die urchristliche Predigt konnte auf diese Weise in der Wiedergabe der Wundertaten Jesu die Christusbotschaft an konkreten Beispielen anschaulich gestalten. So ließ sich durch diese „Biblia Pauperum" die Christusbotschaft verdeutlichen. Nur gelegentlich wurde auch ein messianischer Hoheitstitel in die Erzählung einer

Wundergeschichte aufgenommen (Menschensohn Mk 2,10 Par.; 2,28 Par.; Davidssohn (s. u. S. 32–40). Recht verstanden werden die Wundergeschichten, wenn sie als frohe Botschaft begriffen werden und man keinen Anstoß am Christuszeugnis nimmt (Mt 11,6; Lk 7,23).

3.3 Die Botschaft von den Wundertaten Jesu wird auf diese Weise *im Licht der Osterpredigt* erhellt und weitergegeben. Der Jesus, der kranken, notleidenden und elenden Menschen helfend und rettend begegnet, ist der auferstandene Herr. Diese Gewissheit wird hier und da auch durch Rückgriff auf die Verheißungen der Schrift erläutert. So fügt der Evangelist Matthäus an die zusammenfassende Würdigung der Wundertaten Jesu den Hinweis an: Die Kranken wurden gesund gemacht, „damit erfüllt würde, was da gesagt ist durch den Propheten Jesaja, der da spricht: ‚Er hat unsere Schwachheit auf sich genommen, und unsere Krankheit hat er getragen'" (Jes 53,4) (Mt 8,17). Durch den Rückgriff auf die Schrift wird dargetan, dass nicht nur Jesu Leiden und Passion (vgl. 1Kor 15,3–5), sondern gerade auch die von ihm gewirkten Wundertaten „nach den Schriften" geschehen sind.

3.4 Ist bei der Interpretation der Wundergeschichten zu erheben, welche Bedeutung ihnen für die Christusverkündigung zukommt,[4] so darf dabei die Frage nicht ohne Antwort bleiben, welchen *Anhalt* die Wundergeschichten *am historischen Jesus* haben. Je schlichter eine Wundergeschichte gehalten ist, umso näher steht sie bei Jesu Wirksamkeit und Verkündigung (vgl. o. S. 22f.). Nur mit wenigen Worten – fast beiläufig – wird darauf hingewiesen, dass Jesus die Schwiegermutter des Petrus gesund machte (Mk 1,30f. Par.). Hieraus kann gefolgert werden, dass den Hinweisen des Evangelisten ein historisch bezeugtes Ereignis zugrunde liegt.[5] Und wird von den Gegnern Jesu der Vorwurf erhoben, er treibe mit Hilfe satanischer Unterstützung die Dämonen aus (Mk 3,23–27 Par.), so geht daraus hervor, dass sie nicht bestreiten, dass Jesus Dämonenaustreibungen bewirkt habe. Mithin lässt sich feststellen, dass ein Kern historischer Ereignisse in der urchristlichen Wunderüberlieferung enthalten ist.[6] Daher wird man als Urteil kritischer Interpretation festhalten dürfen: „Zweifellos hat Jesus Wunder getan."[7] Kritische Forschung hat diesen Ausgangspunkt der Wundertraditionen mit Bestimmtheit aufweisen können.

3.5 Die synoptische Tradition hat die Überlieferung von *Wundertaten Jesu fest in die Darstellung seiner gesamten Wirksamkeit eingefügt.* Dass diese Zuordnung dem tatsächlichen Geschehen gerecht wird, zeigt ein Logion Jesu, in dem es heißt: „Wenn ich aber die bösen Geister durch den Geist Gottes – bzw. durch Gottes Finger – austreibe, so ist die Herrschaft Gottes zu euch gekommen." (Mt 12,28 par. Lk 11,20)[8] Das aber bedeutet: Hier wird ein unmittelbarer Zusammenhang zwischen Jesu Wundertaten einerseits und seiner eschatologisch ausgerichteten Verkündigung andererseits hervorgehoben. Ist diese darauf gerichtet, die nahe bevorstehende Ankunft der Gottesherrschaft anzusagen und damit zur Umkehr aufzurufen (Mk 1,15 Par.), so werden „Wunder und Zeichen" als Signale begriffen, durch die eben diese endzeitliche Wende angezeigt wird. Die in Jesu Verkündigung angezeigte Wende ist noch nicht da, aber die Zeichen ihres Kommens leuchten bereits auf. Daran aber zeigt sich, dass die Stunde der Erfüllung gekommen ist.[9] Wie in seiner Verkündigung, so wird auch durch die Taten Jesu das Geheimnis der Gottesherrschaft angekündigt (Mk 4,11 Par.) – eben die Gewissheit der „sich realisierenden Eschatologie".[10]

Kann somit der Anfang der Wunderüberlieferung in der Wirksamkeit Jesu deutlich bestimmt werden, so sind die einzelnen Geschichten daraufhin zu prüfen, wo die ihnen jeweils zugrunde liegende Tradition den ihr gemäßen Platz findet.[11] Für die theologische Beurteilung der breiten Tradition von Wundergeschichten ist die nüchterne Feststellung von hoher Bedeutung, dass diese Überlieferungen Anhalt am historischen Jesus haben (vgl. u. S. 117).

Anmerkungen

1 Vgl. Jeremias, NT Theologie I, 90; sowie Kollmann, Wundergeschichten, 57f.

2 Näheres s. u. S. 28.

3 Was diese Sätze für den Glauben der Christen bedeuten, wird im Johannesevangelium weiter entfaltet: Licht der Welt, Leben und nicht Tod usw., vgl. u. S. 137–149.

4 Vgl. H. Weder, Wunder Jesu und Wundergeschichten, VuF 29 (1984), 25–29.

5 Mit Recht nachdrücklich betont von Weder, a. a. O., 28–32.

6 Vgl. R. Bultmann, Jesus, Tübingen 1951, 146: „Darum kann kein Zweifel sein, daß Jesus solche Taten getan hat, die in seinem und seiner Zeitgenossen Sinn Wunder waren … Zweifellos hat er Kranke geheilt, Dämonen vertrieben." sowie Jeremias, a. a. O., 95: „Bei schärfster Anwendung kritischer Methoden und entsprechender Verringerung des Stoffes schält sich ein *Überlieferungskern* heraus, der fest mit den Ereignissen des Wirkens Jesu verbunden ist." Vgl. u. S. 113–118.

7 Vgl. Theißen, Wundergeschichten, 274.

8 Vgl. M. Dibelius, Jesus, Berlin [2]1947, 69: „In diesem Spruch … soll nicht gesagt sein, daß das Reich Gottes schon da sei …, sondern daß sich in der Fülle solcher wunderbaren Ereignisse sein Nahen ankündigt."

9 Vgl. J. Jeremias, Gleichnisse Jesu, Göttingen [6]1962 ([11]1998), 227.

10 Vgl. Jeremias, ebd.

11 Vgl. G. Petzke, Historizität und Bedeutsamkeit von Wundergeschichten. Möglichkeit und Grenzen des religionsgeschichtlichen Vergleichs, in: Festschrift für H. Braun, Neues Testament und christliche Existenz, Tübingen 1973, 367–385 sowie Ders., Die historische Frage nach den Wundertaten Jesu, NTS 22 (1975/76), 186–204.

4 Der Sohn Davids als Helfer und Retter

In den synoptischen Evangelien wird des Öfteren berichtet, dass kranke und leidende Menschen sich an Jesus wandten mit dem dringenden Ruf, er möge ihnen helfen. Dieser Hilferuf wird dadurch verstärkt, dass ihm die ehrfürchtige Bezeichnung Jesu als des „Sohnes Davids" beigegeben wird.[1] Der Ruf „Erbarme dich meiner" (Mk 10,47 Par.) nimmt die Wendung auf, wie sie wiederholt in den Psalmen als flehentliche Bitte ausgesprochen ist: „Herr, sei mir gnädig" (Ps 6,3; 9,14; 27,7 u. ö.). Richtet sich jedoch in den Psalmen diese Bitte an Gott, um dessen Erbarmen zu wecken, so gilt in den Evangelien der Ruf unmittelbar dem Sohn Davids, als der Jesus bezeichnet wird. Ihm trauen die Rufer die Kraft und die Bereitschaft zu, sie von ihrem Elend zu befreien und ihnen seine Hilfe zuzuwenden.

4.1 Mit der Bezeichnung Jesu als *des Sohnes Davids* ist ein Hoheitstitel aufgenommen, der in der endzeitlichen Erwartung *jüdischer Eschatologie* seinen Ort hat. Dieser Bezeichnung sind vergleichbare Ausdrücke an die Seite zu stellen wie „Wurzelspross Isais" (Jes 11,10) oder „Spross Davids" (Jer 23,5; 33,15 u. ö.; dann auch in den Qumrantexten).

Die sich darin aussprechende Hoffnung ist am beispielhaften Vorbild orientiert, wie es einst der König David für Israel gelebt und dargestellt hat. Diese Erwartung wird an die Verheißung geknüpft, wie sie nach 2Sam 7 einst der Prophet Natan ausgesprochen hatte: der Gott Israels werde David einen Nachkommen erwecken, dem er sein Königtum bestätigen werde. Er solle dem Namen Gottes ein Haus bauen, und der Herr werde seinen Königsthron bestätigen ewiglich (7,12f.).

Der Titel Davidssohn wird im Zusammenhang endzeitlicher Erwartungen zum ersten Mal in den Psalmen Salomos verwendet, die um die Mitte des 1. Jh.s v. Chr. entstanden sind (PsSal 17,21). Die Kreise der Frommen hatten mit Enttäuschung und Entrüstung mit ansehen müssen, wie die Hasmonäer sich zur Würde des Hohenpriesters auch die des Königs angeeignet hatten, obwohl sie nicht aus Davids Geschlecht stammten (PsSal 17,4–6). Nachdem dann aber die Dynastie der Hasmonäer beseitigt und die politische Selbständigkeit Israels verloren waren, lebte die alte Hoffnung, die sich auf den aus Davids Geschlecht kommenden Herrscher der Endzeit richtete, von neuen auf.[2]

In der breit ausgestalteten Schilderung der messianischen Herrschaft, die PsSal 17 gegeben wird, hat die Erwartung des gesalbten Herrschers Israels ihren deutlichsten Ausdruck gefunden. Darin wird an Gottes Zusage erinnert, dass Davids Königtum nicht aufhören solle (V. 4); dann wird Gott angerufen, er möge Israel zu der Zeit, die er erkoren habe, den König erwecken, den Sohn Davids, damit er über Israel regiere (V. 21). Er soll die Fremdherrschaft abwerfen, die heilige Stadt den Feinden entreißen und von Heiden reinigen, die Völker bezwingen und die Stämme Israels richten, das Land in Reinheit und Gerechtigkeit regieren, so dass die Völker vom Ende der Erde kommen, um seine Herrlichkeit zu sehen und die Herrlichkeit des Herrn zu schauen (V. 21–46). Er wird als ein gerechter König herrschen, der von Gott selbst unterwiesen ist. In seinen Tagen wird kein Unrecht geschehen; denn alle sind heilig, und ihr König wird der Gesalbte des Herrn sein (V. 32).

Das farbige Bild, wie es die Psalmen Salomos entwerfen, wird in anderen Texten um diesen und jenen Tupfer ergänzt. Im Testament Salomos, das im 2. oder 3. Jh. n. Chr. abgefasst wurde und in verschiedenen Fassungen christlicher Bearbeiter überliefert worden ist, finden sich dann auch mancherlei synkretistische Einflüsse. Darin werden Salomo, dem Sohn Davids, außergewöhnliche Fähigkeiten zugeschrieben und wird er als Exorzist und Wundertäter dargestellt. Auch die Dämonen mussten Salomo beim Tempelbau dienstbar sein. An ihn wird vom Vater eines Besessenen der Ruf gerichtet: „König Salomo, Sohn Davids, erbarme dich meiner." (20,1)[3] Doch aus dieser Überlieferung und späteren Belegen wird nicht zu folgern sein, dass schon zur Zeit Jesu nach jüdischer Eschatologie dem Davidssohn die Rolle eines heilenden Helfers zugeschrieben worden sei.[4] Die messianische Erwartung, wie sie im Judentum zur Zeit Jesu verbreitet war, charakterisiert den Sohn Davids nicht als Wundertäter, sondern richtet sich auf die zukünftige Heilszeit als solche, die durch den endzeitlichen König ausgelöst werden soll.

Wenn auch die Vorstellungen des vorchristlichen Judentums über die zukünftige Heilszeit keineswegs einheitlich waren, sondern in manchen Kreisen eine präexistente, vom Himmel kommende Rettergestalt, in anderen ein priesterlicher Gesalbter erhofft wurde und gelegentlich die endzeitliche Wende nicht von einem Messias, sondern allein vom Eingreifen Gottes erwartet wurde, so ist es doch die vorherrschende Anschauung gewesen, dass aus Juda „der Spross ausgehen und der Herrscherstab des Königtums sprossen werde" (TestJud 24,4f.). Der Messiaskönig soll als ein irdischer Mensch auftreten, der nach dem Vorbild Davids Glanz und Herrlichkeit Israels wiederherstellen, die Heiden unterwerfen und mit Gerechtigkeit regieren wird. Dabei wurden über seine Person keine näheren Erwägungen angestellt, sondern die messianische Erwartung richtet sich auf das Werk, das er in Gottes Auftrag vollführen wird.[5] Dabei gehört es nicht zum jüdischen Bild des Davidssohnes, dass er Heilungswunder tut.[6] Der messianische König wurde nicht als Wundertäter erwartet,[7] sondern er wird der Vollstrecker, nicht aber Grund, Sinn und Inhalt des Heils sein.

4.2 Grundsätzlich anderer Art aber wird *Jesus von Nazaret* in den Berichten der Evangelien dargestellt, der sich *elenden und verlorenen Menschen* zuwendet, ihren Hilferuf hört und aufnimmt, um sie aus Not und Krankheit herauszureißen. Die Überlieferung, die von Jesus Wundertaten erzählt, durch die er elenden und verzweifelten Menschen helfend begegnete, ist ganz auf die Person des Retters bezogen.

Menschen, deren individuelles Geschick jeweils in den Blick gefasst wird, begegnen Jesus von Nazaret, rufen ihn um Hilfe an, und er nimmt sich ihrer voller Erbarmen an.[8] Die auf diese Weise geprägte Überlieferung war den Evangelisten zweifellos bereits vorgegeben. So ist in der Perikope Mk 10,46–52 nicht nur die hoheitsvolle Anrede als Davidssohn, sondern auch der Name, der für den Blinden angegeben wird – Bartimäus –, hebräisch-aramäischer Herkunft. Der Titel Davidssohn wird in der folgenden Erzählung durch „Rabbuni" des Näheren bestimmt. (V. 5) Diese Beobachtungen weisen eindeutig darauf hin, dass der Evangelist Markus sich auf vorgegebene Tradition stützt. Diese umgibt er nicht mehr mit der Hülle des Messiasgeheimnisses. Vielmehr wird unmittelbar vor Beginn der Passionsgeschichte in aller Deutlichkeit die Hoheit Jesu hervorgehoben, die ihn nicht nur als Helfer, sondern gerade auch durch sein Leiden und Sterben auszeichnet.

4.3 Welche *Vorgaben* haben dem Evangelisten in der ihm überkommenen Tradition vorgelegen? Auf der einen Seite wusste die alte urchristliche Überlieferung von *Jesu Erbarmen* mit verlorenen und leidenden Menschen zu berichten, auf der anderen Seite aber enthält sie die Bezeichnung als *Davidssohn*.

Zu dieser Vorgabe, die Markus als dem ältesten Evangelisten vorgelegen hat, gehört die Bezeichnung Davidssohn. Sie hat ihren Sitz im Leben nicht in heidenchristlich geprägter Umgebung, sondern weist auf judenchristliche Überlieferung zurück. Im zeitgenössischen Judentum hat man besonderen Wert darauf gelegt, über die israelitische Herkunft des eigenen Geschlechts genaue Auskunft geben zu können.[9] Dabei kam es nicht nur darauf an, die Zugehörigkeit zu einem der Stämme Israels zu kennen und möglichst genaue Auskunft geben zu können, sondern man suchte sich auch auf einen Stammbaum zu berufen, um die unstrittige Zugehörigkeit zum erwählten Volk zu beweisen. Die ausführlichen genealogischen Angaben, die sich in den ersten Kapiteln der Chronikbücher finden (1Chr 1–9), zeigen an, welche Bedeutung solchen Angaben über die Herkunft von Familie und Individuum von Beginn der nachexilischen Zeit an beigemessen wurde.

In der Zeit Jesu machten manche Familien ihre Herkunft bis auf den berühmten König David geltend. Später berichtet Euseb im Anschluss an Hegesipp, dass die Kaiser Vespasian und Domitian die Davididen verfolgten und niemand übrig lassen wollten, der sich auf königliche Herkunft hätte berufen können (Euseb, Hist.Eccl. III 12,19–20.32,3–4).[10] Daraus dürfte hervorgehen, „dass die Zahl derer nicht klein war, die sich zum davidischen Geschlecht zählten".[11]

Zieht man die zeitgeschichtlichen Voraussetzungen in Betracht, so wird es durchaus als möglich zu gelten haben, dass die Familie Jesu für sich davidische Abstammung in Anspruch nahm. Jedenfalls besagt das einhellige Zeugnis aller neutestamentlichen Schriften,

Jesu sei Davidide gewesen.[12] Die beiden Stammbäume im Matthäus- und im Lukasevangelium, die im Einzelnen nicht unerheblich voneinander abweichen, sind freilich unter kerygmatischen Gesichtspunkten gestaltet.[13] Gleichwohl ist nicht grundsätzlich auszuschließen, dass in diesen Stammbäumen historisches Material enthalten sein kann – möglicherweise beim Evangelisten Lukas bzw. seiner Quelle „für die letzten Generationen vor Joseph".[14]

Der im Matthäusevangelium aufgeführte Stammbaum ist noch stärker unter theologischer Perspektive gebildet als die lukanische Liste. Führt diese die lange Kette der Namen am Ende bis auf Adam zurück (Lk 3,23–38), so hat der Evangelist Matthäus besonderen Nachdruck darauf gelegt, dass Jesus Sohn Davids war. Abschließend wird ausdrücklich vermerkt, von Abraham bis David seien es vierzehn Generationen gewesen, ebenso von David bis zur Babylonischen Gefangenschaft und von dieser bis auf Christus (Mt 1,1–17). Die Davidssohnschaft Jesu wird in beiden Evangelien über die väterliche Linie aufgezeigt, so dass am Ende der Reihe des Matthäusevangeliums gesagt wird: „Joseph, der Mann der Maria, von der geboren ist Jesus, der da heißt Christus" (Mt 1,16).

4.4 Die *frühchristliche Verkündigung* hat die ihr vorgegebenen Voraussetzungen aufgegriffen und ausgestaltet. An allen Stellen, in denen im Neuen Testament der Sohn Davids genannt wird, ist der messianische Charakter dieser Bezeichnung betont. Dabei gibt die Wundergeschichte Mk 10,46–52 deutlich zu erkennen, dass sie auf alte Tradition aus jüdischer Herkunft gegründet ist (s. o. S. 34).[15]

Stellt man diese Erzählung der vergleichbaren Wundergeschichte Mk 8,22–26 gegenüber, so fallen mehrere Züge ins Auge, die das Alter der zugrundeliegenden Vorgabe bezeugen. Die Geschichte ist kurz und knapp gehalten. Es wird keine Exposition gegeben, die die Art des Leidens, das den blinden Bettler beschwert, des Näheren beschriebe. Das Wunder selbst wird nicht geschildert, sondern es wird nur mit Bestimmtheit festgestellt: „Und sogleich konnte er wieder sehen." (V. 52) „Im Mittelpunkt der Geschichte steht nicht der Vollzug des Wunders, sondern Jesus, der den Ruf um Erbarmen (10,47f.) hört und den Glauben des Blinden anerkennt (V. 52)."[16] Alle diese Züge weisen auf palästinisches Kolorit zurück. Dabei ist die Anrede als „Sohn Davids“ nicht als Angabe familiärer Zugehörigkeit verstanden, sondern als Hoheitsaussage, deren Gewicht noch einmal durch das folgende „Rabbuni“ unterstrichen wird.

4.5 Diese *hoheitsvolle Charakterisierung als Davidssohn*[17] ist mit starkem Nachdruck in der kerygmatischen Formulierung ausgesprochen, auf die der Apostel Paulus gleich zu Beginn des Römerbriefs (1,3f.) zurückgreift, um sich auf den alle Christen verbindenden Inhalt der frohen Botschaft des Evangeliums zu beziehen. Mit den ersten Christen weiß sich der Apostel einig im Bekenntnis, das von Gottes Sohn spricht,

> „der geboren ist aus dem Samen Davids nach dem Fleisch, der eingesetzt ist zum Sohn Gottes in Kraft nach dem Geist der Heiligkeit aus der Auferstehung der Toten“.

Das der Tradition entnommene Zitat wird durch die Voranstellung der Worte „von seinem Sohn“ eingeführt und durch die angefügte Wendung „Jesus Christus unser Herr“ zusammenfassend interpretiert.[18] Die erste Zeile dieser bekenntnisartigen Formulierung spricht von Christi Herkunft von David. Dabei handelt es sich nicht um eine genealogische Angabe, sondern Jesu irdische Existenz wird durchaus als messianische qualifiziert. Als Sohn Davids erfüllt er die Verheißungen der Schriften und der Hoffnung Israels (vgl. Röm 1,2), so dass seine irdische Wirksamkeit sich gemäß den Vorgaben der Schrift in seinem heilenden und helfenden Handeln vollzog.

Dem messianischen Ausdruck „aus dem Samen Davids“ wird dann in der zweiten Zeile die Würde gegenübergestellt, die der Auferstandene als der Sohn Gottes empfing. Sie überbietet die Aussage, die im ersten Satz über die irdische Existenz gemacht wird. Paulus macht sich dieses Bekenntnis zu eigen, indem er es mit der Verkündigung der hellenistischen Christenheit verbindet und zu einer – freilich spannungsvollen – Einheit verbindet. Denn mit der hellenistischen Gemeinde sagt der Apostel, dass nicht erst der Auferstandene, sondern bereits der irdische Jesus der präexistente Sohn Gottes ist. Doch die vorgegebene alte Bezeichnung des irdischen Jesus als Sohn Davids bleibt stehen, so dass die feste Verankerung des Bekenntnisses in der Geschichte Jesu, die im Licht der alttestamentlichen Verheißungen betrachtet wird, festgehalten wird.

4.6 Als der Sohn Davids erfüllt Jesus von Nazaret *die Verheißungen der Schrift* und die Hoffnung Israels. In der Überlieferung der Logien Jesu (= Q) wird daher zusammenfassend gesagt, dass die prophetische Ankündigung von der kommenden Heilszeit nun in Erfüllung geht (vgl. Jes 35,5 u. a.).

Diesen bestimmenden Bezug zur Schrift hebt der Evangelist Matthäus mit besonderem Nachdruck hervor, indem er immer wieder auf alttestamentliche Zitate zurückgreift. Kann er sich dabei des Öfteren auf ihm bereits vorgegebene Tradition stützen, so hat er doch diese Vorgaben erheblich erweitert. Während der Evangelist Lukas nur an der einen Stelle, die ihm im Markusevangelium vorlag (Mk 10,47f. = Lk 18,39f.), die Anrede als Davidssohn ausdrücklich nennt, hat der Evangelist Matthäus den durch die Überlieferung angebotenen Hoheitstitel auch an anderen Stellen verwendet.[19] Für Matthäus ist die Davidssohnschaft Jesu von besonderer Bedeutung; denn mit dem Hinweis auf sie kann er der Synagoge gegenüber begründen, dass Jesus der Messias Israels ist.

Von der Markusvorlage wird der Hoheitstitel „Sohn Davids“ übernommen und ergänzt durch die ehrfürchtige Bezeichnung „Kyrios“ (Mt 20,31f.). Darüber hinaus wird in zwei weiteren Wundergeschichten die Anrede als „Sohn Davids“ eingefügt. Die beiden Blinden rufen nach Mt 9,27: „Erbarme dich unser, Sohn Davids.“ Und die kanaanäische Frau wendet sich an Jesus mit der Bitte: „Erbarme dich meiner, Kyrios, Sohn Davids.“ (Mt 15,22)[20] Die überkommene Bezeichnung als Sohn Davids wird in ihrer hervorragenden Würde betont, indem ihr der Titel Kyrios beigegeben wird.

Angesichts der Wundertaten fragt die Menge erstaunt: „Ist dieser der Sohn Davids?“ (Mt 12,23) Diese erstaunte Frage soll im Sinn eines ahnenden Begreifens verstanden werden, das der feindseligen Haltung der Pharisäer schroff gegenübergestellt wird (Mt 12,24).[21] Der Evangelist verfolgt mit dieser Betonung des Titels Davidssohn schwerlich ein historisierendes Interesse,[22] sondern unterstreicht, dass in Jesus von Nazaret die Verheißungen der Schrift erfüllt sind.

Indem der Hoheitstitel „Sohn Davids“ mit dem Zeugnis der in

den heiligen Schriften verbürgten Verheißungen fest verbunden wird, gewinnt die Bezeichnung eine vertiefte Bedeutung. Das durch die alte Hoffnung Israels vorgegebene Gefäß des Hoheitstitels „Sohn Davids“ wird mit neuem Inhalt gefüllt, der ganz und gar von Jesu Heilandswirken bestimmt ist. Darum weist der Evangelist Matthäus im zusammenfassenden Rückblick auf die prophetischen Worte vom leidenden Gottesknecht hin, die in Jesu Wundertaten verwirklicht sind: „Er hat unsere Schwachheit auf sich genommen, und unsere Krankheit hat er getragen.“ (Jes 53,4 = Mt 8,17)

Der leidende Christus ist nicht nur Davids Sohn, sondern auch Davids Herr – so argumentiert der Evangelist Matthäus in Aufnahme der bei Markus aufgezeichneten Debatte (Mt 22,41–46 par. Mk 12,35–37a). Auf seinem Weg zu Leiden und Kreuz wird er festlich begrüßt: „Hosanna, gelobt sei, der da kommt im Namen des Herrn. Gelobt sei die Herrschaft unseres Vaters David, die da kommt. Hosanna in der Höhe.“ (Mk 11,10 Par.) Die Gemeinde Jesu Christi, die sich zu ihm bekennt, weiß, dass er als Davids Sohn auf Erden gewirkt hat. Als der von Gott erhöhte Herr ist er der Kyrios und Gottessohn, dem alle Gewalt im Himmel und auf Erden gegeben ist (Mt 28,18).

Anmerkungen

1 Vgl. E. Lohse, Der Sohn Davids als Helfer und Retter, in: Logos – Logik – Lyrik. Festschrift für K. Haacker. Arbeiten zur Bibel und ihrer Geschichte 27, Leipzig 2007, 297–304.

2 Zur Erwartung des Messias aus Davids Geschlecht vgl. E. Lohse, ThWB VIII, 482–492; Ch. Burger, Jesus als Davidssohn. Eine traditionsgeschichtliche Untersuchung, FRLANT 98, Göttingen 1978, sowie J. H. Charlesworth (Hg.), The Messiah. Developments in Earlier Judaism and Christianity, Minneapolis 1984 – jeweils mit ausführlichen Literaturangaben. Vgl. ferner O. Cullmann, Die Christologie des Neuen Testaments, Tübingen 1966, 111–117.

3 Vgl. K. Berger, Die königlichen Messiastraditionen des Neuen Testaments, NTS 20 (1973/74), 1–44.

4 So Berger, Messiastraditionen, 3–9.

5 Vgl. E. Lohse, ThWB VII, 459–463. Dabei ist gelegentlich auch christlicher Einfluss anzunehmen. Die Motivverbindung von Sohn Davids und Exorzismus findet sich nirgendwo im Neuen Testament. Vgl. weiter J. Gnilka, Das Evangelium nach Markus, EKK II/2, Neukirchen-Vluyn 1979, 110.

6 Vgl. Burger, Davidssohn, 44.

7 Vgl. F. Hahn, Christologische Hoheitstitel. Ihre Geschichte im frühen Christentum, FRLANT 83, Göttingen 1963 ([5]1995), 262.

8 Hilferufe werden häufig erwähnt, um den Wundertäter zu helfendem Eingreifen zu bewegen. Sie sind deutlich zu unterscheiden vom Schreien der Besessenen oder der Dämonen, die den Wundertäter – oft unter Nennung seines Namens – abwehren wollen. Vgl. G. Theißen, Urchristliche Wundergeschichten, StNT 8, Gütersloh 1974 ([6]1990), 63f. Zu den stilgemäßen Zügen von Wundergeschichten vgl. R. Bultmann, Die Geschichte der synoptischen Tradition, FRLANT 29, Göttingen [2]1931 ([7]1967), 229.

9 Vgl. J. Jeremias, Jerusalem zur Zeit Jesu, Berlin/Göttingen [3]1963, 306–317 mit eingehender Prüfung zeitgenössischer Belege.

10 Vgl. Jeremias, Jerusalem, 300.

11 Vgl. Jeremias, Jerusalem, 300f. Zur Bedeutung der Stammbäume in priesterlichen Familien vgl. Jeremias, ebd., 244: „Wenn ein Priester oder levitischer Sänger heiratete, so war … die Prüfung des Stammbaumes seiner Frau notwendig, um den Nachkommen die priesterliche bzw. levitische Würde durch legitime Herkunft der Mutter zu sichern."

12 Vgl. Röm 1,3; 2Tim 2,8; Hebr 7,14; Mt 1,1–17; Lk 1,27.32; 2,4; 3.23–28; Apg 2,25–31; 13,22f.; 15,16; Apk 5,5; 22,11.

13 Zu den Problemen des Geschichtswertes der beiden Stammbäume vgl. die ausführlichen Erwägungen bei Jeremias, Jerusalem, 317–337.

14 Vgl. Jeremias, Jerusalem, 331. Vgl. auch K. Haacker, Der Brief des Paulus an die Römer, Berlin 1999 ([2]2002), 26: „Die Abstammung Jesu von David … entzieht sich historischer Überprüfung …, kann aber angesichts der Bedeutung von Genealogien und Familientraditionen im Judentum auch nicht einfach negiert werden."

15 Vgl. die knappe Analyse bei J. Jeremias, Neutestamentliche Theologie I, Die Verkündigung Jesu, Gütersloh 1971 ([3]1979), 94.

16 Jeremias, ebd. Dort auch des Näheren die Gegenüberstellung zur ausführlicheren Topik in Mk 8,22–26.

17 Dabei kann offen bleiben, ob diese Überlieferung eine genauere Angabe familiärer Herkunft voraussetzt oder nicht. Die Verwendung des Hoheitstitels Davidssohn ist überall im NT in messianischer Bedeutung verstanden. Vgl. Hahn, Hoheitstitel, 262f.: „Die aus dem Judentum herkommende Gemeinde … hat das schon in palästinischer Tradition ausgeprägte Bild von seinem (sc. Jesu) Wirken als Wundertäter mit dem Motiv der Davidssohnschaft verknüpft."

18 Zum Nachweis des vorpaulinischen Charakters des Zitats vgl. E. Lohse, Der Brief an die Römer, Göttingen 2003, 64f.; sowie Burger, a. a. O., 25–33. Doch vgl. auch die kritischen Einwände von Haacker, Römer, 25f.

[19] Vgl. Lohse, ThWB VIII, 489f.

[20] Vgl. E. Lohmeyer, Gottesknecht und Davidssohn, FRLANT 43, Göttingen [2]1953, 60: „Wer so gebeten werden kann, wie Gott gebeten werden will, vermag auch wie Gott zu helfen und zu heilen"; ferner 72: Die hier vorliegenden Grundlagen „sind von allen nationalen und politischen Träumen entfernt und rein auf das gerichtet, was Gott verheißen hat".

[21] Vgl. R. Hummel, Die Auseinandersetzung zwischen Kirche und Judentum im Matthäusevangelium, BEvTh 33, München [2]1966, 116–122.

[22] So erwogen von G. Strecker, Der Weg der Gerechtigkeit. Untersuchung zur Theologie des Matthäusevangeliums, FRLANT 8, Göttingen 1962 ([3]1971), 118–120.

5 Glaube und Wunder

In den Heilungsgeschichten, von denen die synoptischen Evangelien erzählen, ist häufig vom Glauben die Rede. „Dein Glaube hat dich gerettet" – so wird denjenigen zugerufen, denen Heilung widerfuhr. „Dir geschehe, wie du geglaubt hast" – so wird der Sieg über Krankheit und Leid proklamiert. Glaube wird das Zutrauen genannt, mit dem sich Menschen in ihrer Not oder in der Bedrängnis anderer, die sie als ihre eigene empfinden, an Jesus wenden. Auf sein lösendes Wort und seine helfende Tat setzen sie ihr Vertrauen und empfangen Hilfe und Befreiung in ihrem Glauben, der aus zaghaftem Beginn zu gefestigter Kraft emporgeführt wird. Der Glaubende braucht sich daher nicht zu fürchten, sondern kann in getroster Zuversicht auch gegen die Anfechtung durchhalten.[1]

Wie sind diese Sätze, die Glauben und Wunder in einen festen Zusammenhang bringen, zu verstehen? Ist das Wunder als Frucht des Glaubens anzusehen, oder wird Glaube durch das unbegreifliche Geschehen geweckt? Ist der Glaube durch einen bestimmten Inhalt ausgezeichnet, oder spricht er sich in blindem Zutrauen aus, das die schwere Last zu Jesus trägt, damit er von ihr befreie? Lässt sich in diesen Sätzen ein Nachklang der Wirksamkeit Jesu vernehmen, die dann das Verständnis des Glaubens prägend bestimmt haben müsste?[2] Oder spricht sich in diesen Worten gläubige Überzeugung der christlichen Gemeinde aus, die sich zu Jesus von Nazaret als dem Retter bekennt, der die Not wendet, die Dämonen austreibt und das Zerbrochene heilt? Nur durch genaue Analyse der Logien, die innerhalb der einzelnen Wundergeschichten oder auch in ihrer Einleitung bzw. ihrem Abschluss vom Glauben reden, kann Antwort auf diese Fragen gewonnen werden.

5.1 Dass ein Wundertäter der *vertrauenden Zuwendung* derer bedarf, die von ihm Hilfe erwarten, stellt überall eine notwendige Voraussetzung für sein Handeln dar. Der Rabbi oder der Priester einer Gottheit werden von Menschen aufgesucht, die keinen Rat zu finden wissen und sich in ihrer Not dorthin wenden, wo sie überirdische Hilfe zu erlangen hoffen. Doch weder in den Heilungsgeschichten, von denen die rabbinische Überlieferung berichtet[3], noch in hellenistischen Wundererzählungen[4] wird diese Haltung Glaube genannt. Die Begriffsgruppe πίστις/πιστεύειν *pistis/pisteuein* wird in den Wundergeschichten aus der Umwelt des Neuen Testaments nirgendwo verwendet. Deshalb stellt sich die Frage, wo denn der Ursprung von Glaube und Wunder zu suchen sei.

In den synoptischen Wundergeschichten findet sich wiederholt die Wendung: „Dein Glaube hat dich gerettet." Inwiefern geht vom Glauben rettende Kraft aus? Und warum vermag der Glaube den Weg zum Heil zu eröffnen? In vergleichbaren antiken Texten ist zwar nicht vom Glauben, wohl aber vom Retten die Rede. Rettung ereignet sich in der durch Asklepios gewährten Genesung.[5] Isis schenkt Heilung von Krankheit,[6] wie überhaupt die Befreiung von Leiden[7] oder die Rettung von vielerlei Beschwerden und Kümmernissen[8] als σωθῆναι *sōthēnai* bezeichnet wird. Was bedeutet es, wenn im Unterschied zu diesen Berichten die neutestamentlichen Wundererzählungen die rettende Kraft des Glaubens betonen?

„Dein Glaube hat dich gerettet" – mit diesem Wort spricht Jesus nach Mk 5,34 Par. die blutflüssige Frau an, die sich in ihrer Ratlosigkeit an ihn geklammert hat. „Ziehe hin in Frieden" – so wird sie angewiesen – „und sei von deiner Plage genesen." Der Evangelist Matthäus fügt hinzu: „Und die Frau wurde gesund von Stund an." (Mt 9,22) Die Geschichte erzählt von Krankheit und Heilung mit Zügen, die für hellenistische Wundererzählungen typisch sind.[9] Von der Dauer der Krankheit (Mk 5,25 Par.) und der erfolglosen Heranziehung von Ärzten (Mk 5,26 Par.) ist die Rede, um zu zeigen, wie es nahezu aussichtslos erschien, dass ihr Befreiung von ihrem Leid zuteil werden könnte. Die Heilung widerfährt ihr dann aufgrund der Berührung mit Jesus, durch welche die Kraft der Genesung auf sie überströmt (Mk 5,27–32 Par.). Als Jesus bemerkt, dass von ihm heilende Kraft ausgegangen ist und die ihn umdrängende Menge fragt, wer ihn denn berührt habe (Mk 5,30 Par.), gesteht die geängstete Frau die Wahrheit. Jesus aber richtet sie auf mit jenem Zuspruch von der rettenden Kraft des Glaubens. Der Charakter der Darstellung weist eindeutig darauf hin, dass sie in der hellenistischen Gemeinde geprägt ist und folglich keinen Rückschluss auf die Wirksamkeit des historischen Jesus zulässt. Die Gemeinde will vielmehr hervorheben, dass letztlich nicht ein heilender Gestus oder das Überströmen magisch wirkender Kraft die Krankheit besiegt hat, sondern der Glaube, der sich voller Vertrauen an Jesus wandte und von ihm Rettung empfing.

Derselbe Satz „Dein Glaube hat dich gerettet" wird vom Evangelisten Markus in der Geschichte von der Heilung des blinden Bartimäus angeführt (Mk 10,52 par. Lk 18,42). Dass in dieser Perikope eine jüngere Erzählung vorliegt, ist schon daraus zu ersehen, dass der Name des Blinden genannt wird. Er wendet sich an Jesus mit dem Ansinnen, er möge ihm das Augenlicht schenken. Jesus entspricht seiner Bitte, indem er ihm sagt, sein Glaube habe ihn gerettet. Die Wirkung dieses Wortes tritt sogleich ein: „Sofort konnte er sehen und folgte ihm auf dem Wege." (Mk 10,52 Par.) Damit wird angedeutet, dass der rettende Glaube in die Nachfolge Jesu führt. Der Evangelist Markus stellt diesen Bericht an den Abschluss der Wirksamkeit Jesu in Galiläa und den Beginn des Weges nach Jerusalem, um zu zeigen, dass der dem Kreuz entgegenziehende Herr einem Blinden das Augenlicht schenkt. Blinde sehen, aber Jerusalem begreift seine Stunde nicht.

Der Evangelist Lukas nimmt noch einmal die Wendung vom rettenden Glauben in einer Geschichte auf, die gleichfalls als jüngere Bildung zu beurteilen ist.[10] Von zehn Aussätzigen, die Jesus geheilt hat, kehrt nur einer voller Dankbarkeit zurück – und das war ein Samaritaner (Lk 17,11–19). Ihm wird am Schluss zugesprochen: „Stehe auf, gehe hin; dein Glaube hat dich gerettet." (V. 19) Während keiner von den Juden, die vom Aussatz geheilt wurden, Gott den geschuldeten Dank darbringt, ist allein der Fremdstämmige als Glaubender zu Jesus gekommen.

Die Heilungsgeschichten, deren Höhepunkt der Satz „Dein Glaube hat dich gerettet" darstellt, erweisen sich somit ausnahmslos als Bildungen, die in der hellenistischen Gemeinde gestaltet wurden.[11] Sie war der Überzeugung, dass der Glaube, der um Gottes Gottheit weiß, die Dämonen zittern macht und in seinen Bann schlägt (Jak 2,19). Christliche Exorzisten konnten sich daher der Wendung „Dein Glaube hat dich gerettet" bedienen, um den Triumph Christi über Dämonen und Krankheiten zu proklamieren.[12] Die feste Verbindung der Begriffe „Glaube" und „Rettung" war der Gemeinde als Bestandteil christlicher Verkündigung vertraut. Der Apostel Paulus kann als gemeinchristliches Wissen bei den Korinthern den Satz voraussetzen, dass durch die glaubende Annahme des Evangeliums Rettung widerfährt (1Kor 15,2) bzw. dass die töricht erscheinende Predigt des Wortes vom Kreuz die Glaubenden rettet (1Kor 1,18). Dabei ist das Verbum πιστεύειν *pisteuein* ohne nähere Bestimmung gebraucht. Der Inhalt des Glaubens braucht nicht angegeben zu werden, da jedermann weiß, dass er sich auf den gekreuzigten und auferstandenen Christus bezieht.[13] Dementsprechend heißt es auch Eph 2,8: „Aus Gnade seid ihr gerettet durch den Glauben." Im Glauben wird der göttliche Gnadenerweis angenommen und damit Heil empfangen (vgl. auch Joh 3,16f.). Der Satz urchristlichen Bekenntnisses „Wenn du mit deinem Mund bekennst ‚Herr ist Jesus' und von Herzen glaubst, dass ‚Gott ihn von den Toten auferweckt hat', wirst du gerettet" (Röm 10,9) klingt auch in Aussagen der Apostelgeschichte nach. So heißt es in der Rede, die Petrus auf dem sog. Apostelkonvent hält: „Wir glauben, durch die Gnade des Herrn Jesus gerettet zu werden." (Apg 15,11) Und der Kerkermeister von Philippi, der durch die Vorgänge beim Erdbeben und die Erfahrungen mit den ihm anvertrauten Gefangenen in tiefem Erschrecken an Paulus und Silas die Frage gerichtet hatte: „Was muss ich tun, damit ich gerettet werde?" (Apg 16,30), wird angewiesen: „Glaube an den Herrn Jesus, so wirst du und dein Haus gerettet." (Apg 16,3) Durch die glaubende Hinwendung zum Kyrios wird rettende Bewahrung empfangen, die zugleich das neue Leben als Glied der Gemeinde begründet.[14]

Dass der Satz „Dein Glaube hat dich gerettet" im Zusammenhang mit Krankenheilungen verwendet wurde, setzt die Apostelgeschichte voraus, indem sie berichtet, Paulus habe dem gelähmten Mann, dem er in Lystra begegnete, angesehen, „dass er den Glauben hatte, gerettet zu werden", und ihm deshalb mit lauter Stimme zugerufen, er solle sich aufrecht auf seine Füße stellen (Apg 14,9f.). Daraufhin sprang der Gelähmte auf und konnte umhergehen (ebd.). Der Glaube an den Namen des gekreuzigten und auferweckten Christus verleiht dem Gelähmten Heilung und schenkt ihm körperliche Unversehrtheit (Apg 3,16). Die σωτηρία *sōtēria*, die der Glaube empfängt, wird jedoch nicht nur als Rettung von leiblichem Gebrechen, sondern zugleich als die Rettung begriffen, die das Heil schenkt.

Die Verbindung von πίστις/πιστεύειν *pistis/pisteuein* und σωτηρία/σωθῆναι *sōtēria/sōthēnai*, wie sie in dem Satz „Dein Glaube hat dich gerettet" vorliegt, weist somit deutlich über die Heilung von Krankheit und die Befreiung von Leid hinaus.[15] Die Rettung betrifft den ganzen Menschen. Es ist daher durchaus folgerichtig, dass Lk 7,50 die stereotype Wendung „Dein Gllaube hat dich gerettet" nicht in einer Wundergeschichte begegnet, sondern als Wort Jesu angeführt wird, das er einer büßenden Sünderin zuspricht. Rettung bedeutet Vergebung der Sünden und Eröffnung eines neuen Lebens.

5.2 Die Erzählung von der blutflüssigen Frau ist mit der Geschichte von der Auferweckung der Tochter des Archisynagogen Jairus eng verflochten (Mk 5,21–43). Unter der Menge, die Jesus und den von Sorge erfüllten Vater umdrängt, befindet sich die Frau, die sich an Jesus klammert (5,33). Durch diese Szene ist eine Unterbrechung der zunächst geschilderten Begegnung Jesu mit dem Hilfe suchenden Vater eingetreten und damit die Spannung gesteigert. Inzwischen ist die Zeit verstrichen und das kranke Mädchen verstorben. Ihr Tod wird dem Vater mit der Bemerkung berichtet, es sei nunmehr zwecklos, den Meister zu bemühen (5,35). Jesus aber überhört diese Äußerung und fordert den Archisynagogen auf: *„Fürchte dich nicht, glaube nur."* (5,36) Mit diesem Satz ist das entscheidende Wort gesprochen, das zugleich die Verklammerung mit der vorangegangenen Heilungsgeschichte bildet. Allein durch den Glauben, der Jesus vertraut, wird Rettung zuteil. Die Auferweckung des soeben verstorbenen Mädchens wird dann mit Wendungen beschrieben, die für eine Wundergeschichte stilgemäß sind[16]: Die klagende Menge weist darauf hin, dass gegen die Macht des Todes kein Mittel mehr helfen kann (V. 38–40a); die Zuschauer werden hinausgeschickt; Wort und Gestus bewirken die Auferweckung (V. 41); das Wunder tritt sofort ein (V. 42) und wird unter Beweis gestellt, indem dem Mädchen Speise gereicht wird (V. 43). Diese Erzählung, die auf die übliche Weise einer hellenistischen Wundergeschichte gestaltet ist, erhält aber durch das Wort vom Glauben einen spezifisch christlichen Charakter, durch den sie von vergleichbaren Berichten der Umwelt unterschieden ist. Nicht Wunder wirkendes Handeln eines mit göttlicher Kraft begabten Mannes, sondern der Glaube, der darauf vertraut, dass Gott in Jesus handelt, und sich in dieser Zuversicht auch angesichts des Todes nicht beirren lässt, rettet.[17] Die Überlieferung, die die Erzählung von ihrer literarischen Fixierung im Markusevangelium durchlaufen hat, lässt jedoch erkennen, dass Betonung und Verständnis des Glaubens, wie sie in V. 36 ausgesprochen sind, nicht auf den historischen Jesus zurückgehen, sondern vielmehr auf die christliche Gemeinde bzw. die gestaltende Hand des Evangelisten. Durch das *Motiv des Glaubens* sind die beiden ineinander verschachtelten Wundergeschichten miteinander verklammert (5,34.36) und ist zugleich der Kontrast zur folgenden Perikope vom Auftreten Jesu in seiner Vaterstadt Nazaret angezeigt.[18] Weil ihm dort kein Glaube, sondern nur Unglaube entgegenschlägt (6,6), verrichtet Jesus keine Wundertaten, außer dass er einige wenige Schwache durch Auflegen der Hände heilt (6,5).

Das Thema des Glaubens spielt auch in der Geschichte von der Heilung des epileptischen Knaben eine wichtige Rolle (Mk 9,14–29 Par.). Der ausführliche Bericht wirkt überladen und hat sicherlich ursprünglich einmal eine knappere Gestalt gehabt – sei es, dass zwei verschiedene Stränge sekundär verbunden und zusammengearbeitet wurden[19], oder sei es, dass eine kürzere Vorlage durch den Evangelisten ausgestaltet wurde.[20] Wird zunächst der Unfähigkeit der Jünger, die nicht zu helfen wissen, die Kraft Jesu gegenübergestellt (V. 14–20), so tritt dann der Vater des kranken Jungen in den Mittelpunkt und wird erst nach einem Gespräch über den Glauben der Sohn von seinem Leiden geheilt (V. 21–27). In beiden Stücken tauchen die typischen Züge einer Wundergeschichte auf: Der Schilderung der Krankheit wird breiter Raum gewährt (V. 17f.20.26), umso stärker tritt dann die wunderbare Heilung hervor (V. 27). Während auf einer älteren Stufe der Tradition von einem eindrucksvollen Mirakel die Rede gewesen sein wird, weisen die lehrhaften Worte über das Problem des Glaubens auf eine jüngere Stufe erzählender Reflexion.[21] Dabei scheint noch eine Phase der vorangegangenen Überlieferung durch. Denn der Vater wendet sich zunächst an Jesus selbst mit der zaghaften Bitte, wenn er denn helfen könne, so solle er sich doch erbarmen (V. 22). Die darin enthaltene Frage bezieht sich auf das Vermögen des Wundertäters. Jesus nimmt sie auf, indem er an die Wiederholung der Worte „wenn er denn könne" die Bemerkung anfügt: „Alle Dinge sind möglich dem, der glaubt." (V. 23) Worauf aber ist diese Aussage zu beziehen? Richtet sie sich ursprünglich an die Jünger, die zur Hilfe unfähig waren?[22] Aber von den Jüngern ist im zweiten Teil der Perikope (V. 21–27) – abgesehen von dem redaktionellen Schluss (V. 28f.) – überhaupt nicht die Rede. Könnte der Satz dann etwas über Jesus selbst aussagen? In diesem Fall würde der Glaube gemeint sein, den Jesus selbst hat.[23] Eine solche Aussage stünde jedoch in der synoptischen Tradition, die sonst niemals von Jesus als Subjekt des Glaubens spricht, völlig singulär da. Der Evangelist denkt nicht daran, über Jesu eigenen Glauben etwas aussagen zu wollen. Auch will er an dieser Stelle nicht vom Unvermögen der Jünger sprechen, sondern stellt dar, wie ein ursprünglich schwacher Glaube sich flehend an Jesus wendet und seine Hilfe erfährt.[24] Die Wendung „Alle Dinge sind möglich dem, der glaubt" entspricht der Aussage „Alle Dinge sind möglich bei Gott" (Mk 10,27 Par.). Deshalb wird der Ruf des bittenden Vaters „Ich glaube, hilf meinem Unglauben" (V. 24) erhört. Sein epileptischer Sohn wird geheilt. Wie Jesus seinen Jüngern seine Herrlichkeit offenbarte (Mk 9,2–13 Par.), so macht er sie im Triumph über die bösen Geister kund (Mk 9,14–29 Par.). Indem der Evangelist jedoch auf diese Geschichte die zweite Ankündigung vom Leiden, Sterben und Auferstehen des Menschensohns folgen lässt (Mk 9,30–32), zeigt er an, dass nur mit dem Blick auf das Kreuz wirklich verstanden wird, wer Jesus ist.

5.3 Dem *Evangelisten Markus* kommt es darauf an, in den Wundergeschichten die *Worte über den Glauben* mit besonderer Betonung zu versehen. Das gilt nicht nur für den Zusammenhang, der von der Heilung der blutflüssigen Frau und der Auferweckung der Tochter des Jairus handelt (Mk 5,21–43), sondern vor allem für die beiden Erzählungen, die in den Abschnitt eingeordnet sind, der sich an das Petrusbekenntnis und die erste Leidensankündigung (Mk 8,27–33 Par.) anschließt. In den Perikopen von der Heilung des epileptischen Knaben (Mk 9,14–29) und der des blinden Bartimäus (Mk 10,46–52) ist der Evangelist nicht so sehr am Vorgang des Wunders interessiert als vielmehr an der Belehrung über den Glauben.[25] Rechter Glaube führt in die Nachfolge, die den Jünger das Kreuz auf sich nehmen und hinter Jesus hertragen lässt.[26] Daher ist es durchaus berechtigt, die darin erkennbare „Theologie des Markus als theologia crucis zu kennzeichnen".[27] Dem Glauben, mit dem Menschen sich an Jesus wenden und ihm ihre Not und Ratlosigkeit zu Füßen legen (Mk 2,5 Par.), wird Rettung zuteil. Darum lässt der Evangelist Jesus am Beginn seiner öffentlichen Wirksamkeit den Inhalt seiner Predigt in die Worte fassen: „Die Zeit ist erfüllt, und die Gottesherrschaft ist nahe herbeigekommen" und knüpft daran die Aufforderung: „Glaubt an das Evangelium." (Mk 1,15) Wie dieser Hinweis auf den Glauben, der die Predigt des Evangeliums annimmt, vom Evangelisten formuliert ist, so ist auch das Motiv des Glaubens in den verschiedenen Wundergeschichten teils der Überlieferung der christlichen Gemeinde, teils der Redaktion des Evangelisten zuzuweisen. Die Verbindung von Glaube und Wunder, wie sie in den Wundergeschichten vorliegt, lässt weder einen unmittelbaren Rückschluss darauf zu, wie Jesus vom Glauben gesprochen hat, noch gestattet sie eine Vermutung über den Glauben, in dem und mit dem Jesus selbst gehandelt hat.[28] Vielmehr will die christliche Gemeinde – und mit ihr der Evangelist – die rettende Kraft des Glaubens beschreiben. Indem er sich dem zum Kreuz gehenden Jesus von Nazaret anvertraut, wird der zaghafte und schwache Glaube gestärkt und empfängt die Ermutigung: „Glaube nur – alle Dinge sind möglich dem, der glaubt."[29]

Die *Evangelisten Matthäus und Lukas* haben jeder auf seine Weise die Verbindung von Wunder und Glaube, die ihnen im Markusevangelium vorgegeben war, weitergeführt. Matthäus spricht wie Markus vom Glauben derer, die den Gelähmten zu Jesus tragen (Mt 9,2 par. Mk 2,5). Er übernimmt das Wort vom rettenden Glauben, das Jesus an die blutflüssige Frau richtet (Mt 9,22 par. Mk 5,34), lässt es jedoch in der Geschichte von der Heilung des blinden Bartimäus fort (Mt 20,34 par. Mk 10,52). Dafür bildet er seinerseits eine weitere Perikope, deren sekundärer Charakter sich schon daran erweist, dass sie von zwei Blinden handelt, denen das Augenlicht geschenkt wird (Mt 9,27–31).[30] Jesus fragt die beiden: „Glaubt ihr, dass ich das tun kann?“ (Mt 9,28)[31] Nachdem sie die Frage bejaht haben, berührt er ihre Augen und sagt zu ihnen: „Nach eurem Glauben geschehe euch!“ (V. 29) Die Wirkung tritt auf der Stelle ein: Die Augen der Blinden werden aufgetan, und sie können sehen. Der Evangelist Matthäus will das Motiv des Glaubens, das er aus den markinischen Wundergeschichten kennt, somit als Ausdruck der an Jesus gerichteten Bitte verstanden wissen. Dem Glauben wohnt nicht etwa eine aus ihm selbst fließende Kraft inne, sondern Jesus rettet, der Glaube aber fleht zu ihm und empfängt von ihm Gewährung seiner Bitte.[32] Matthäus hat deshalb in seiner Wiedergabe der Wundergeschichten den erzählenden Bericht über den Vorgang der Heilung jeweils knapper gefasst, dafür aber die Worte, die Jesus mit den Kranken wechselt, ausführlicher gestaltet. Weil auf diese Weise die Beschreibung des Glaubens als Ausdruck des Gebetsglaubens in den Mittelpunkt des Wundergeschehens rückt, werden diese Perikopen geradezu zu einer Illustration zu der Verheißung, die Jesus dem glaubenden Gebet gibt.[33]

Über die Markusvorlage geht Matthäus hinaus, indem er die Haltung der kanaanäischen Frau Glauben nennt: „Dein Glaube ist groß. Dir geschehe, wie du willst.“ (Mt 15,28 par. Mk 29) Die gleiche, für den Evangelisten bezeichnende Wendung findet sich am Ende der Geschichte vom Hauptmann von Kapernaum. In der überkommenen Tradition war bereits vom Glauben die Rede, indem das abschließende Wort Jesu feststellt, solchen Glauben habe er in Israel nicht finden können (Mt 8,10 par. Lk 7,9).[34] Matthäus erweitert den Bericht jedoch um das Logion, das den vielen, die mit Abraham, Isaak und Jakob zu Tisch liegen werden, die Söhne des Reiches gegenüberstellt, die in die äußerste Finsternis geworfen werden (Mt 8,11f. par Lk 11,28–30). Dann erst schließt er mit dem Wort ab, das Jesus an den Hauptmann richtet, und hebt darin das Motiv des Glaubens abermals hervor: „Geh hin. Wie du geglaubt hast, so geschehe dir!“ (Mt 8,13) Jesus verrichtet also nicht einfach eine machtvolle Tat, sondern er antwortet auf die vertrauende Bitte des Glaubens, der sich an ihn wendet, erhört sie und gewährt seine Hilfe.[35] Da statt vom „Glauben“ (Mt 8,13) auch vom „Wollen“ (Mt 15,28) der Menschen gesprochen werden kann, wird also der Glaube als entschlossene Hinwendung des Menschen zu Jesus bestimmt.[36]

Die Erzählung von der Heilung des epileptischen Knaben hat Matthäus wiederum gestrafft und dabei auch das Wort Jesu fortgelassen, dem Glauben sei alles möglich (Mk 9,23f.). Er hat damit jedoch keineswegs auf die Aussage vom Glauben verzichten wollen, sondern hat sie an das Ende der Geschichte gerückt, indem er ein besonderes Gespräch zwischen Jesus und seinen Jüngern anfügt. Dann wird die Ursache für deren Versagen mit dem Hinweis auf ihren geringen Glauben genannt und nun das Herrenwort über die Berge versetzende Kraft des Glaubens als krönender Abschluss des ganzen Zusammenhangs angefügt (Mt 17,20). Wenn solcher Glaube die Jünger erfüllt, dann wird ihnen nichts unmöglich sein und werden sie auch den Sieg über Krankheit und Leid zu erringen vermögen.

Der Evangelist gibt deshalb dem Begriff des Glaubens einen festen christologischen Bezug, indem er das markinische Jesuslogion vom Ärgernis einer dieser Kleinen, die glauben (Mk 9,42), deutlicher fasst und davon spricht, dass jemand einen dieser Kleinen zu Fall bringen könnte, „die an mich glauben" (Mt 18,6). Der Glaube vertraut auf die helfende Macht Jesu; er bittet ihn um Beistand in der Not; und ihm wird verheißen, alles zu empfangen, was im Gebet erbeten werde (Mt 2,22 par. Mk 11,24).[37]

Im Lukasevangelium ist diese Bestimmung über den Glauben im Sinn des christlichen Glaubens eindeutig festgelegt. Dass der Glaube rettet, wird wie bei Markus und Matthäus unterstrichen, wenn nicht nur in Heilungsgeschichten die Wendung „Dein Glaube hat dich gerettet" (Lk 8,48 par. Mk 5,34; Lk 17,19; 18,42 par. Mk 10,52), sondern auch der Sünderin, die Jesus im Haus des Pharisäers die Füße gesalbt hat, zugesprochen wird, ihr Glaube habe sie gerettet (Lk 7,50). Das Wort, das Jesus zum Vater des inzwischen verstorbenen Mädchens spricht, wird von Lukas so wiedergegeben, dass die Verbindung von Glauben und Rettung deutlich hervortritt: „Fürchte dich nicht; glaube nur, so wirst du gerettet." (Lk 8,50) Und in der Auslegung des Gleichnisses vom viererlei Acker wird die auf den Weg gefallene Saat auf diejenigen gedeutet, denen der Teufel alsbald das Wort wieder aus dem Herzen reißt, „damit sie nicht glauben und gerettet werden“ (Lk 8,12). Von der Saat, die auf den felsigen Grund gefallen ist, heißt es, damit seien diejenigen gemeint, die zwar das Wort hören und mit Freude annehmen, dann jedoch, weil sie keine Wurzeln geschlagen haben, nur für kurze Frist gläubig sind und zur Zeit der Versuchung wieder abfallen (Lk 8,13). Glauben bedeutet mithin, die christliche Predigt annehmen. Dieser Glaube rettet und empfängt das Heil.[38] Deshalb bitten die Apostel den Herrn: „Stärke uns den Glauben.“ (Lk 17,5)

5.4 Die synoptischen Evangelien überliefern an verschiedenen Stellen ein Jesuslogion, das von *der Berge versetzenden Kraft des Glaubens* bzw. von seinem Vermögen redet, einen Feigenbaum zu entwurzeln. Auf der einen Seite ist es im Markusevangelium an die Verfluchung des Feigenbaums angehängt (Mk 11,22f. Par.), auf der anderen Seite ist es von den Evangelisten Matthäus (17,20) und Lukas (17,6) aus der Spruchüberlieferung aufgenommen und in verschiedene Zusammenhänge eingeordnet worden. Die Breite der Tradition zeugt davon, dass dieser Spruch für die frühe Christenheit von besonderer Bedeutung gewesen sein muss. Da im Hohen Lied der Liebe offensichtlich eine Anspielung auf dieses Logion vorliegt, muss es sich um ein sehr altes Wort handeln. Zu der Wendung „und wenn ich allen Glauben hätte, so dass ich Berge versetzen könnte“ (1Kor 13,2), gibt es in der zeitgenössischen Umwelt keine vergleichbare Wendung, die als Vorbild für eine Verbindung von Glauben und Bergeversetzen gedient haben könnte. Nur in dem Wort Jesu ist diese eigentümliche Aussage vorgegeben.

In welcher der überkommenen Fassungen die älteste Gestalt des Logions erhalten ist, ist nicht einfach zu entscheiden. Vermutlich wird sie jedoch hinter dem Mt 17,20 überlieferten Wortlaut sichtbar. Denn hier ist von dem Glauben die Rede, der so gering sein kann wie ein winziges Senfkorn (vgl. Mk 4,30–32 Par.), und wird ihm die unerhörte Wirkung zugeschrieben, dass er einen Berg von der Stelle rücken kann. Matthäus hat diesen Satz an die von ihm bearbeitete Geschichte von der Heilung des epileptischen Knaben angehängt (Mk 9,14–19 par. Mt 17,14–18), in der zwar das Gespräch fortgelassen wird, das Jesus mit dem Vater über den Glauben führt (Mk 9,22–24), aber dann das Thema des Glaubens als krönender Abschluss der Krankenheilung aufgenommen wird (s. u. S. 70f.). Verdeutlichend wird hinzugefügt: „Und euch wird nichts unmöglich sein.“ (Mt 17,20) Mit diesem Wort wird dem Kleinglauben der Jünger widersprochen und die Kraft des Glaubens hervorgehoben, der auf den leidenden, sterbenden und auferstehenden Menschensohn vertraut (Mt 17,22).

Die bildliche Ausdrucksweise vom Versetzen eines Berges war im palästinischen Judentum nur selten und in ganz anderem Zusammenhang gebräuchlich. Sie konnte auf einen Schriftgelehrten angewandt werden, der in außergewöhnlicher Weise zu argumentieren verstand.[39] Der Glaube wurde jedoch niemals mit diesem Ausdruck beschrieben. In der scharf zugespitzten Formulierung des Spruchs, auch ein gering erscheinender Glaube vermöge unerhörte Wirkung auszulösen, liegt eine paradoxe Redeweise vor, die jenem Wort vergleichbar ist, eher könne ein Kamel durch ein Nadelöhr gehen, als dass ein Reicher in das Himmelreich Eingang finden werde (Mk 10,25 Par.).[40] Es darf angenommen werden, dass dieser Satz auf den historischen Jesus selbst zurückzuführen ist.[41] Denn die Überlieferung der Gemeinde ist geneigt, die herausfordernde Schärfe des Wortes Jesu abzuschwächen oder doch erträglich zu machen. Jesus aber betont: Wer glaubt, wird Unerhörtes vollbringen können. Gott hat durch sein Wort die Berge geschaffen (Ps 65,7; 90,2 u. ö.), und am Ende der Zeiten sollen Berge fortbewegt und erniedrigt werden (Jes 40,4; 49,11 u. ö.). Wer daher Berge zu versetzen vermag, wird an Gottes schöpferischem Wirken teilhaben. Mag sein Glaube noch so klein erscheinen, die von ihm ausgehende Kraft wird Dinge bewirken, die als unmöglich gelten.[42]

Die lukanische Parallele drückt denselben Gedanken aus, indem sie im Bedingungssatz vom Glauben spricht, der so klein wie ein Senfkorn sein mag (Lk 17,6). Im Nachsatz verwendet sie jedoch ein Bild: „Dann würdet ihr zu diesem Maulbeerbaum sagen: Reiß dich mit den Wurzeln aus und verpflanze dich ins Meer – und er würde gehorchen.“ Der Maulbeerfeigenbaum, an den hier gedacht sein wird,[43] galt als besonders fest wurzelnder Baum, von dem man annahm, er könne 600 Jahre lang in der Erde stehen.[44] Auch in diesem Bild wird palästinische Redeweise verwendet.[45] Daher wäre durchaus denkbar, dass in dieser Fassung eine unabhängige Parallelüberlieferung vorliegt, der gleichfalls sehr hohes Alter zugeschrieben werden kann – zumal es auch zu diesem Ausdruck keinerlei Parallelen in der Umwelt des Neuen Testaments gibt, an die sich die bildliche Ausdrucksweise angelehnt haben könnte.[46] Als wahrscheinlicher wird jedoch gelten müssen, dass Mt 17,20 die ältere Fassung des Logions erhalten ist[47] und durch die sehr früh hergestellte Verbindung dieses Spruches mit der Verfluchung des Feigenbaums (Mk 11,20–25) eine Verschiebung des Bildes vom Berg zum Feigenbaum eingetreten ist.[48] Obgleich darin die Wirkung des Glaubens nicht ganz so eindrucksvoll herausgestellt wird wie in dem Hinweis auf die Berge versetzende Kraft, ist doch auch in dieser Fassung das Vermögen des Glaubens beschrieben, außergewöhnliche Wirkungen auszulösen. Wenn dabei die Größe des Glaubens mit dem verschwindend kleinen Senfkorn verglichen wird, so ist ebenso wenig wie in der Matthäusparallele daran gedacht, das Maß des Glaubens näher zu bestimmen. Vielmehr soll gesagt werden, dass bereits dem geringsten Glauben die große Verheißung gilt.[49] Es wird also nicht darüber reflektiert, wie groß dieser Glaube sein müsse. Dem Glauben, der nicht auf sich selbst blickt, wird das Unmögliche möglich. Denn er traut Gott alles zu und lässt ihn allein handeln.

Im Lukasevangelium ist das Jesuswort in einen Zusammenhang von Sprüchen eingeordnet, die an die Jünger gerichtet sind (Lk 17,1–10). Zur Verknüpfung mit dem Gedankengang dient die Einleitung, die das Thema des Glaubens einführt: Die Apostel wenden sich an den Herrn mit der Bitte, er möge ihnen Glauben verleihen (Lk 17,5). Da von den Aposteln und dem Herrn gesprochen wird, ist diese Überleitung eindeutig als lukanische Bildung zu erkennen. Sie soll zeigen, dass zur Jüngerschaft der Glaube gehört, dem Glauben an den Herrn aber überwindende Kraft verliehen wird.

Die markinische Fassung des Logions ist durch den Zusammenhang beeinflusst, in den es einbezogen ist. Jesus und die Jünger kommen an dem Feigenbaum vorüber, der infolge der Verfluchung Jesu verdorrt ist. Als Petrus darauf aufmerksam macht, welche Wirkung der Fluch ausgelöst hat, sagt Jesus zu den Jüngern: „Habt Glauben an Gott." (Mk 11,27) Damit ist der Übergang zum Logion gewonnen. Der Glaube vermag noch größere Wunder zu verrichten als die soeben beobachtete Vernichtung des Baumes, an dem sich keine Früchte gefunden hatten. Voraussetzung ist freilich – und darin kommt ein Gedanke zu Wort, der der urchristlichen Paränese wichtig war –, dass sich kein Zweifel im Herzen einnistet (vgl. Jak 1,6–8). Wo aber in der Kraft des Glaubens zu diesem Berg[50] gesagt wird, er solle sich ins Meer werfen, da wird das geschehen. In der Markusfassung ist weder im Bedingungssatz vom Glauben die Rede – erst im Nachsatz heißt es: „sondern glaubte" – noch der Vergleich mit dem Senfkorn enthalten. Darin erweist sie sich gegenüber dem Wortlaut der Spruchüberlieferung als sekundär. Doch der paradoxe Charakter des Wortes Jesu kommt auch hier zum Ausdruck: Der Glaube, der seine Zuversicht nicht auf sich selbst setzt, sondern alles von Gott erwartet, ist die stärkste Kraft, die auf Erden wirksam wird. Während Mt 17,20 dieser Glaube gegen den Kleinglauben abgehoben wird, ist bei Markus der Glaube im Gegensatz gegen jede Art des Zweifels bestimmt und mit dem Gebet in Zusammenhang gebracht, das sich in vollem Vertrauen an Gott wendet. Solches Gebet bleibt nicht unerhört, sondern wird Erfüllung empfangen (Mk 11,24). Die Matthäusparallele stellt eine noch engere Verklammerung des Spruches mit der vorangegangenen Verfluchung des Feigenbaums her, indem diese als ein „Paradigma für die Macht des Glaubens"[51] hingestellt wird, dem die Jünger nacheifern sollen. Dann werden sie nicht nur bewirken, was mit dem Feigenbaum geschehen ist, sondern auch Berge versetzen können (Mt 21,21).

Glaube – dieser Gedanke liegt den verschiedenen Fassungen des Jesuswortes zugrunde – gewinnt Anteil an Gottes Macht. Denn er blickt allein auf Gottes schaffendes Wirken, dem nichts unmöglich ist. Mit dieser Bestimmung des Glaubens nimmt Jesus das alttestamentlich-prophetische Verständnis des Glaubems auf. Abraham traute gegen den Augenschein der Zusage Gottes und setzte sich dadurch in das allein rechte Verhältnis zu Gott (Gen 15,6). Und Jesaja sagt, allein der Glaube verleihe Bestand. Denn „glaubt ihr nicht, so bleibt ihr nicht". (Jes 7,9) Wer glaubt, ist nicht in sich selbst gegründet, sondern steht auf dem Grund, den Gott gelegt hat. Wo daher Menschen von dieser getrosten Zuversicht erfüllt sind, können sie bewirken, was sonst kein Mensch vermag. Denn wo

Gottes Walten Raum gegeben wird, da können wohl Berge weichen und Hügel hinfallen, aber wird der Bund des Friedens nicht hinfallen (Jes 54,10).

5.5 In dem Jesuswort von der Berge versetzenden Kraft des Glaubens wird dem Glauben die Macht zugeschrieben, Wunder zu wirken. Es ist daher durchaus folgerichtig, dass die Überlieferung der Gemeinde den Glauben nicht nur mit dem Gebet, das im Vertrauen auf Gott Erhörung empfängt, in Verbindung bringt, sondern auch den *Zusammenhang von Glauben und Wunder* erzählend darstellt. Sie bediente sich dabei der Redeweise, in der in der alten Welt von außerordentlichen Begebenheiten berichtet wurde. Jesus von Nazaret wird als derjenige beschrieben, der über Krankheiten und Leid triumphiert und sich als der Herr über die Naturgewalten erweist. Der Glaube, der sich ihm zuwendet, wird nicht etwa durch das Wunder ausgelöst, sondern entsteht aus der Begegnung mit Jesus. Er geht daher dem Wunder voran[52] und setzt seine Zuversicht auf den Retter[53]. Dieses Motiv lässt die Wunderberichte zu „exempla fidei" werden, die die wirkende Macht des Glaubens bezeugen.[54]

Anmerkungen

1 Vgl. E. Lohse, Wunder und Glaube, in: Theologia Crucis – Signum Crucis. Festschrift für E. Dinkler, Tübingen 1979, 335–350 = Ders., Wunder und Glaube, in: Die Vielfalt des Neuen Testaments, Göttingen 1982, 29–44.

2 Vgl. G. Ebeling, Jesus und Glaube, ZThK 55 (1958), 84–110 = Ders., in: Wort und Glaube, Tübingen [3]1967, 201–254, bes. 237.

3 Vgl. P. Fiebig, Jüdische Wundergeschichten des neutestamentlichen Zeitalters, Tübingen 1911.

4 Vgl. R. Reitzenstein, Hellenistische Wundererzählungen, Leipzig 1906 = Darmstadt [2]1963; O. Weinreich, Antike Heilungswunder, RVV 8,1, Gießen 1909 (= [2]1969); G. Delling, Antike Wundertexte, KIT 79, Berlin [2]1960. Zum religionsgeschichtlichen Problem vgl. G. Theißen, Urchristliche Wundergeschichten (StNT 8), Gütersloh 1974 ([6]1990), 134–136.

[5] W. Dittenberger, Sylloge [3]III, Nr. 1173 = Delling, Nr. 27, Z. 9f., Pap. Oxyrrh. 1381 Col. X, in: Delling, Nr. 35, Z. 211f.

[6] Diodorus Siculus, Bibliotheca historica I 25 (ed. F. Vogel I, 188), in: Delling, Nr. 36, Z. 13f.

[7] Pap. Oxyrrh. 138, Col. III, in: Delling, Nr. 35, Z. 55f.

[8] Diodorus Siculus, in: Delling, Nr. 37, Z. 7f.

[9] Vgl. R. Bultmann, Synopt. Tradition, Göttingen [2]1931), 225.

[10] Vgl. Bultmann, a. a. O., 33.

[11] Die Ansicht, Jesus selbst habe den Leitsatz geprägt: „Dein Glaube hat dich gerettet“ (so z. B. L. Goppelt, Theologie des Neuen Testaments I. Jesu Wirken in seiner theologischen Bedeutung, Göttingen 1975, 199), ist aufgrund der Analyse der einschlägigen synoptischen Perikopen nicht zu halten. Auch J. Roloff, Das Kerygma und der irdische Jesus, Göttingen 1970, 204 meint jedoch, „dass wir in dem Ineinander von Wunder und Glaubensangebot einen für das Erdenwirken Jesu charakteristischen Zug vor uns haben“.

[12] Vgl. E. Käsemann, RGG [3]VI, 1835.

[13] Zur Sache vgl. D. Lührmann, Pistis im Judentum (ZNW 64, 1973, 19–38): „Glaube ist auch ohne Zusatz eines Objekts die Bezeichnung des Neuen, dem man sich in der Bekehrung zuwendet.“ (37)

[14] Zu Lk 8,12 s. u. S. 51f.

[15] Vgl. W. Foerster, ThWB VII, 990.

[16] Vgl. Bultmann, a. a. O., 229.

[17] Vgl. E. Schweizer, Das Evangelium nach Markus (NTD 1), Göttingen [4]1975, 6.

[18] Vgl. D.-A. Koch, Die Bedeutung der Wundererzählungen für die Christologie des Markusevangeliums, BZNW 42, Berlin 1975, 139.

[19] So Bultmann, a. a. O., 225f.; H. J. Held, Matthäus als Interpret der Wundergeschichten, in: G. Bornkamm / G. Barth / H. J. Held, Überlieferung und Auslegung im Matthäusevangelium, WMANT 1, Neukirchen [6]1970, 155–287; G. Bornkamm, πνεῦμα ἄλαλον – eine Studie zum Matthäusevangelium, in: Geschichte und Glaube II, Gesammelte Aufsätze IV, München 1971, 21–36, bes. 24f.

[20] So K. Kertelge, Die Wunder Jesu im Markusevangelium, StANT 23, München 1970, 174–179; W. Schenk, Tradition und Redaktion in der Epileptikerperikope Mk 9,14–19, ZNW 63 (1972), 76–84.

[21] Vgl. Bornkamm, a. a. O., 25. In kritischer Auseinandersetzung mit der bisherigen formgeschichtlichen Analyse der Perikope möchte W. Schmithals, Die Heilung des Epileptischen (Mk. 9,14–29). Ein Beitrag zur notwendigen Revision der Formgeschichte, ThViat. XIII (1975/76), 211–233 sogar zeigen, dass ein theologischer Lehrer die Geschichte entworfen hat, um zu veranschaulichen, wie der Mensch in das Sterben und Auferstehen des Herrn hineingenommen wird. Fordert seine Annahme, es handle sich in der Perikope um ein theologisches Kunstprodukt, Gegenfragen heraus, so ist doch richtig erkannt, dass die vorliegende Fassung der Geschichte ein spätes Stadium der Überlieferung widerspiegelt.

[22] Vgl. A. Fridrichsen, Le problème du miracle dans le Christianisme primitif,

EHPhR 12, Paris 1925, 54: „Cette parole s'adresse, en réalité, aux disciples. Quand le père s'écrie: ‚Je crois, Seigneur, aide-moi dans mon incrédulité!' – nous avons là sans nul doute, le soupir de l'exorciste chrétien qui se sent impuissant."

23 So Ebeling, a. a. O., 240: „es dürfte unmöglich sein, angesichts der Art und Weise, wie Jesus vom Glauben redet, ihn selbst vom Glauben auszunehmen." Vgl. auch ebd., 253: es sei „der Glaube Jesu selbst, auf den in der Heilungsgeschichte alles ankommt". Ähnlich spricht auch E. Fuchs, Jesus und der Glaube. Zur Frage nach dem historischen Jesus, Gesammelte Aufsätze II, Tübingen 1960, 238–257, 252 von Jesu eigenem Glauben und folgert: „An Jesus glauben heißt wohl wie Jesus glauben, daß Gott erhört" (256). Kritisch dagegen mit Recht J. Roloff, a. a. O., 172: dass „das angezogene Material nicht nur jeden Hinweis auf einen Glauben Jesu, sondern auch jede Spur dafür vermissen läßt, daß er selbst als Glaubender Gegenstand der Reflexion und Vorbild für den Glauben gewesen wäre". Vgl. auch Schmithals, a. a. O., 223: „Jesus ist nirgendwo im Neuen Testament Subjekt des Glaubens, die Menschen glauben an ihn."

24 Vgl. Schenk, a. a. O., 90: „Der Evangelist hat den Satz klar auf den Vater bezogen, wie die Fortsetzung V. 24 zeigt: Das Glauben wird von dem hilfesuchenden Vater erwartet."

25 Vgl. Koch, a. a. O., 121f., sowie G. Klein, Wunderglaube und Neues Testament, in: Ders., Ärgernisse, München 1970, 13–27, 46: „Es kann in der Tat kein Zweifel sein, daß die Pointe der Geschichte in jenem Zwiegespräch steckt."

26 Vgl. Koch, a. a. O., 131.

27 Bornkamm, a. a. O., 36.

28 Ebelings These: „Dann aber ist Jesus nur darum und insofern Gegenstand des Glaubens, als er selbst Grund und Quelle des Glaubens ist." (a. a. O., 245) lässt sich mithin durch eine kritische Analyse der synoptischen Wundergeschichten nicht erhärten. Zur Christologie Ebelings vgl. W. Greive, Jesus und Glaube (KuD 23, 1976, 163–180).

29 Vgl. auch H. Binder, Der Glaube bei Paulus, Berlin 1968, 17: „Die Tatsache, daß die Synoptiker den Glaubensbegriff dem Heiland häufig innerhalb der Heilungsgeschichten in den Mund legen, um ihn dann auch nacherzählend zu wiederholen, hat sicher einen christlich-theologischen Grund. Die Urgemeinde sah eine Beziehung zwischen Heilung und Glauben."

30 Vgl. Bultmann, a. a. O., 228.

31 Die Frage nach dem Glauben ist zunächst in dem Sinn zu verstehen, dass man mit Fridrichsen (a. a. O., 51) sagen muss: „La foi c'est le tribut au grand prophète." Erst der weitere Zusammenhang legt die Bedeutung des Glaubens in christlichem Sinn fest.

32 Vgl. Held, a. a. O., 272–274.

33 Vgl. Held, a. a. O., 275f.

34 Gleichwohl bleibt fraglich, ob dieser Satz auf den historischen Jesus zurückgeführt werden kann, da die Geschichte als „ideale Szene" anzusehen ist, „die man als Gemeindebildung betrachten muß". (Bultmann, a. a. O., 39)

35 Vgl. Held, a. a. O., 223, sowie Klein, a. a. O., 44: „Hier steckt offenbar die Pointe

des Ganzen. Ein heidnischer Soldat beschämt durch seinen bedingungslosen Glauben das ganze auf seine Religiosität so stolze Israel."

36 Vgl. A. Schlatter, Der Evangelist Matthäus, Stuttgart ^{3}1948, 277.

37 Zum Begriff des Glaubens im Matthäusevangelium vgl. weiter G. Bornkamm, Enderwartung und Kirche im Matthäusevangelium, in: Bornkamm/Barth/Held, a. a. O., 13–47, 24–26; Held, a. a. O., 263–284. In der Begriffsfolge „Recht, Barmherzigkeit, Glaube" (Mt 23,23) ist „Glaube" als „Treue zu seinem (Gottes) in Gesetz und Prophetie dokumentierten Willen" zu verstehen. Vgl. Bornkamm, a. a. O., 24.

38 Zum Verständnis von „Glaube/Glauben" in den synoptischen Evangelien vgl. weiter E. D. O'Connor, Faith in the Synoptic Gospels, Notre Dame (U. S. A.) 1961; sowie G. Barth, Glaube und Zweifel in den synoptischen Evangelien, ZThK 72 (1975), 269–292.

39 Belege bei Billerbeck I, 759.

40 Vgl. Bultmann, a. a. O., 98.

41 R. Bultmann, Jesus, Tübingen ^{3}1951, 159; G. Bornkamm, Jesus von Nazareth, Stuttgart ^{12}1980, 130; G. Ebeling, a. a. O., 235; N. Perrin, Was lehrte Jesus wirklich?, Göttingen 1967, 150–152; sowie D. Lührmann, Glaube im frühen Christentum, Gütersloh 1976, 18–23.

42 Während in der Umwelt des Neuen Testaments nirgendwo der Glaube mit der Berge versetzenden Kraft verglichen wird, taucht diese bildliche Redeweise zweimal im Thomasevangelium auf: „Wenn zwei miteinander Frieden machen in demselben Hause, werden sie zu dem Berge sagen: Drehe dich um! Und er wird sich umdrehen." (Ev.Thom. Logion 49); vgl. auch Logion 103 bzw. nach der Zählung bei E. Haenchen, Die Botschaft des Thomasevangeliums, Berlin 1961, Logion 48 und 106.

43 Vgl. C.-H. Hunzinger, ThWB VII, 758.

44 Belege bei Billerbeck II, 234.

45 Vgl. J. Jeremias, Neutestamentliche Theologie I, Gütersloh ^{3}1979, 159.

46 Manche Exegeten vertreten die Ansicht, Lk 17,6 sei gegenüber Mt 17,20 als die ältere Fassung anzusehen, aus der dann durch Steigerung das Bild vom Bergeversetzen entwickelt worden sei. So C. H. Hunzinger, ThWB VII, 288; S. Schulz, Q – Die Spruchquelle der Evangelisten, Zürich 1972, 466f.

47 Vgl. Bultmann, a. a. O., 98.

48 So mit E. Schweizer, Das Evangelium nach Matthäus (NTD 2), Göttingen 1973, 230: Mt 17,20 liege die ältere Form des Spruches vor – „nachträglich an die Geschichte von der Feigenbaumverfluchung angehängt" –, Lk 17,6 sei eine Mischform zwischen beiden Aussagen; ferner Barth, a. a. O., 273f.

49 Vgl. Hunzinger, a. a. O., 289.

50 Nach dem Zusammenhang des Markusevangeliums wird dabei an den Ölberg zu denken sein.

51 Vgl. E. Lohmeyer, Das Evangelium des Matthäus, Göttingen 1956, 302; vgl. auch Held, a. a. O., 277.

52 Vgl. Held, a. a. O., 264.

[53] Vgl. W. Schmithals, Wunder und Glaube – eine Auslegung von Markus 4,35–6,6a, BSt 59, Neukirchen 1970, 80: „Der Glaube rettet, weil er sich auf Jesus Christus richtet. Der Glaube rettet, weil Gott dem hilft, der sich auf ihn verläßt." Ferner Kertelge, a. a. O., 197: „Zum Glauben an Jesus aber führen nicht die Wunder als solche, sondern die in seinen Wundern und in seinem ganzen öffentlichen Wirken verlaufende Selbstoffenbarung Jesu."

[54] Vgl. Ebeling, a. a. O., 253.

II. Durchführung: Die Wundertaten Jesu in urchristlichen Darstellungen

6 Krankenheilungen

6.1 Berichte über *wunderbare Heilungen* kranker Menschen durch Jesus nahmen in der Darstellung des Markusevangeliums breiten Raum ein. Die Evangelisten Matthäus und Lukas sind der Vorlage des Markusevangeliums weitgehend gefolgt, doch haben sie an manchen Stellen die ihnen vorliegende Textfassung gestrafft oder hier und da verändert.

Die Erzählungen, die der Evangelist Markus der mündlich weitergegebenen urchristlichen Überlieferung entnommen hat, sind durchweg in der formalen Gestalt gehalten, wie man allgemein in der griechisch-sprachigen Welt der Spätantike von wunderbaren Begebenheiten zu sprechen gewohnt war (s. o. S. 22f.).[1] Zu Beginn wird die Schwere der Krankheit beschrieben, des öfteren auch vom vergeblichen Bemühen befragter Helfer oder Ärzte gesprochen. Umso größer hebt sich vor diesem Hintergrund die nunmehr bewirkte Heilung des Kranken ab. Handlungsweise und Worte des Wundertäters werden in der Mitte der erzählenden Darstellung gewürdigt. Und am Schluss ist von der Wirkung der eingetretenen Heilung die Rede, indem der nunmehr gesunde Mensch sich zu bewegen vermag und die umstehenden Zeugen voller staunender Bewunderung die soeben vollzogene Wundertat bezeugen.

Im Markusevangelium sind zu den Heilungsgeschichten die folgenden Perikopen zu zählen, die des näheren zu betrachten sind:

Mk 1,29–31 Par.: Heilung der Schwiegermutter des Petrus
Mk 1,40–45 Par.: Heilung eines Aussätzigen
Mk 2,1–12 Par.: Heilung eines Gichtbrüchigen
Mk 3,1–6 Par.: Heilung einer verdorrten Hand am Sabbat
Mk 5,21–43 Par: Heilung einer blutflüssigen Frau und Auferweckung der soeben verstorbenen Tochter des Jairus
Mk 7,31–37 Par.: Heilung eines Taubstummen

Zu dieser Aufstellung sind folgende Perikopen hinzuzunehmen, die die Evangelisten Matthäus und Lukas zu den im Markusevangelium vorgegebenen Abschnitten hinzugefügt haben:

Mt 8,5–13 Par.: Der Hauptmann von Kapernaum
Lk 13,10–17: Heilung einer verkrümmten Frau
Lk 14,1–6: Heilung eines Wassersüchtigen
Lk 17,11–19: Heilung von zehn Aussätzigen[2]

6.2 Vor dem Hintergrund einer großen *Vielzahl von Heilungsgeschichten,* die man in der spätantiken Umwelt erzählte, hebt sich die Eigenart der in den Evangelien aufgeführten Wundertaten Jesu deutlich ab. Einige Beispiele von antiken Berichten über Krankenheilungen seien kurz beschrieben und gewürdigt.

Seit alter Zeit wurde die Gottheit des Asklepios um Hilfe in Krankheitsnöten angerufen. Um die erbetene Zuwendung des Gottes zu empfangen, musste der Kranke, der sich zum Wallfahrtsort begeben hatte, sich nach den Anweisungen der Priester am Heiligtum verhalten. Dabei kam es darauf an, dass die vorgeschriebenen Riten sorgsam beachtet und befolgt wurden. Dann bestand begründete Hoffnung, dass die Gottheit sich einem kranken Beter hilfreich zuwenden würde. Dieser Vorgang konnte dann so beschrieben werden[3]:

„Die Offenbarung war unzweifelhaft, wie man ja auch in tausend anderen Fällen die Erscheinung des Gottes mit voller Gewißheit fühlte. Man hatte die Empfindung seiner Berührung und spürte sein Kommen in einem Zwischenzustand zwischen Schlaf und Wachen, wollte aufschauen und hatte Furcht, er könnte sich vorher entfernen, spitzte die Ohren und lauschte, halb im Traum, halb im Wachen, die Haare sträubten sich, Freudentränen kamen, stolze Bescheidenheit schwellte die Brust. Welcher Mensch könnte diesen

Zustand mit Worten schildern? Wer zu den Eingeweihten gehört, weiß davon und erkennt ihn wieder."[4]

In diesen Worten ist das subjektive Empfinden des eingeweihten Mysten beschrieben, der im Vertrauen auf die helfende Kraft der Gottheit sich in ihr Heiligtum begeben hat und dort – den Anweisungen der Priester folgend – das Kommen des kraftvollen Helfers spürt. Damit setzt die erbetene Heilung ein, die freilich zur Bedingung hat, dass der hilfsbedürftige Mensch zu den Eingeweihten gehört, die im Vertrauen auf die Gottheit den vorgeschriebenen Riten gehorsam folgen.

Hilfe lässt sich nach verbreiteter Überzeugung jedoch nicht nur durch Aufsuchen eines Heiligtums erhoffen, sondern kann auch mitten im Alltag zuteil werden, wenn sich Gelegenheit bietet, eine Helfergestalt um Beistand anzurufen. Folgt der angerufene Helfer der an ihn gerichteten Bitte und gelingt ihm deren Erfüllung, so gewinnt er entsprechendes Ansehen und Anerkennung für sein Wirken. So beschreibt *Sueton*, was *Vespasian*, der sich auf dem Weg nach Rom zur Übernahme der Herrschaft befand, in Alexandria widerfuhr:[5]

„Noch fehlte Vespasian das nötige Ansehen und gleichsam die von Gott bestätigte Majestät, da er wider Erwarten und erst seit kurzem zum Kaiser erhoben worden war. Aber auch dies wurde ihm zuteil. Zwei Männer aus dem Volke, der eine blind, der andere mit einem lahmen Bein, kamen miteinander zu ihm, als er auf seinem Tribunal saß, und baten ihn, zu ihrer Heilung zu tun, was ihnen Serapis im Traum gezeigt habe: Vespasian werde dem Blinden das Augenlicht wiedergeben, wenn er dessen Augen mit seinem Speichel benetzte, das Bein des Lahmen möge er mit seiner Ferse berühren. Da kaum eine Hoffnung bestand, dass die Sache irgendwie von Erfolg begleitet sein könnte, wollte der Kaiser nicht einmal einen Versuch wagen, auf Zureden seiner Freunde unterzog er sich endlich vor versammeltem Volke dem Experiment, und der Erfolg blieb nicht aus."

Diese Geschichte schildert, welche Bedeutung eine Heilung Kranker auf der einen Seite für den Helfer selbst, auf der anderen aber für die betroffenen Menschen haben konnte. Verständlich ist zunächst das Zögern des angerufenen Vespasian. Doch dann lässt er sich auf das ihm angetragene Wagnis ein und bedient sich der Mittel, die nach verbreiteter Überzeugung Hilfe bewirken können: Bestreichen der Augen mit Speichel und Berührung des kranken Gliedes mit der Ferse. So kann heilende Kraft hinüberströmen und hier wie da Genesung bewirkt werden. Das versammelte Volk kann bezeugen, was geschehen ist. Dem Helfer aber wird entsprechend hohes Ansehen entgegengebracht und sein Charisma respektvoll anerkannt.

Auch in der breiten Fülle *rabbinischer Traditionen* finden sich Wundererzählungen, die davon handeln, wo und wie sich Staunen erregende Vorgänge zugetragen haben.[6] Hierfür ein Beispiel:[7]

„Einst erkrankte der Sohn Rabbi Gamaliels und er sandte zwei Schriftgelehrte zu Rabbi Chanina ben Dosa, dass er für ihn um Erbarmen flehe. Als dieser sie sah, stieg er auf den Söller (= Dachboden) und flehte für ihn um Erbarmen. Beim Herabsteigen sprach er zu ihnen: Geht, das Fieber hat ihn verlassen. Sie sprachen zu ihm: Bist du denn ein Prophet? Er erwiderte: Weder bin ich ein Prophet, noch der Sohn eines Propheten; allein so ist es mir überliefert: Ist mir das Gebet im Munde geläufig, so weiß ich, daß es angenommen wurde. Wenn nicht, so weiß ich, daß es verworfen wurde. Hierauf ließen sie sich nieder und schrieben die Stunde genau auf, und als sie zu Rabbi Gamaliel kamen, sprach er zu ihnen: Bei Gott, weder habt ihr vermindert noch vermehrt; genau dann geschah es, in dieser Stunde verließ ihn das Fieber, und er bat uns um Wasser zum Trinken.“[8]

Der jüdische Charakter dieser Erzählung ist sogleich daran zu erkennen, dass Hilfe und Heilung durch frommes Gebet erhofft werden, das an den Gott Israels als den alleinigen Helfer gerichtet ist. Der Kranke, zu dessen Gunsten das Gebet gesprochen wird, befindet sich nicht am Ort. Daher erweist das Gebet durch die sogleich eingetretene Heilung seine wirksame Kraft. Diese wird von den Zeugen zum Abschluss dankbar bestätigt.

Ritus und Magie – kraftvolles Charisma – und inständiges Gebet sind mithin die Themen, denen Rettung und Heilung von Krankheit und Leiden zugeschrieben wird. Das sind Züge, wie sie sich gelegentlich auch in neutestamentlichen Wundergeschichten wiederfinden. Damit aber stellt sich die Aufgabe, in vergleichender Gegenüberstellung die charakteristischen Züge der Berichte über die Wundertaten Jesu aufzuweisen.

6.3 Der *Evangelist Markus* leitet seine Darstellung der öffentlichen Wirksamkeit Jesu mit den Worten ein, er habe mit dem Ruf begonnen, die Herrschaft Gottes sei nahe. Dass dieser Ruf sowohl die Verkündigung wie auch das Handeln Jesu beinhaltete, zeigt die nun folgende Beschreibung dessen, was Jesus in Wort und Tat proklamierte. Nach einem ersten Auftritt in der Synagoge von Kapernaum (Mk 1,23–28; s. u. S. 78f.) beruft Jesus seine ersten Jünger und kehrt mit ihnen in das Haus der Brüder Simon und Andreas ein. Dort liegt die *Schwiegermutter des Simon* (= Petrus) mit Fieber darnieder. Jesus reicht ihr die Hand, und sogleich verlässt sie das Fieber. Sie kann aufstehen und ihnen dienen. (Mk 1,29–31) Dieser überaus kurz gehaltene Bericht enthält gleichwohl alle Züge, die eine Heilungsgeschichte ausmachen. Die eingetretene Situation wird durch den Hinweis auf die Erkrankung der Schwiegermutter des Simon/ Petrus angegeben. Die sogleich bewirkte Heilung geschieht durch Darreichung der Hand Jesu. Damit geht ein Kraftstrom auf die erkrankte Frau über, der die sofortige Genesung zur Folge hat. In antiken Wundergeschichten wird des Öfteren die Handauflegung bzw. Berührung mit der Hand als therapeutische Geste gewürdigt.[9] „Wo Berührung geschieht, wird die Heilung durch Demonstration von Aktivität unter Beweis gestellt. Der Notzustand war vor allem Schwäche ..., ein Mangel an belebender Kraft."[10] Was durch Jesu Handeln geschehen ist, wird mit dem kurzen Hinweis gesagt, dass die Frau aufstehen und den eingetretenen Gästen dienen kann.

Dieser auffallend kurze Bericht, der jedes unnütze Wort vermeidet, ist auf Grund der ihm eigenen Nüchternheit offensichtlich dem Geschehen selbst nahe, so dass man begründet annehmen kann, dass diese karge Erzählung dem historischen Geschehen nahe steht und dieses treffend darstellt.

In der Geschichte von der *Heilung eines Aussätzigen* ist gleichfalls vom Ausstrecken und Berühren mit der Hand berichtet. (Mk 1,40–45 Par.) Der Kranke geht auf Jesus zu und wendet sich an ihn mit der flehentlichen Bitte, er möge sich ihm helfend zuwenden. Jesus nimmt sich seiner an, streckt seine Hand aus und berührt den Kranken. Dabei spricht er das befehlende Wort: „Ich will's tun, sei rein." (V. 41) Die Wirkung tritt auf der Stelle ein, der Mann wird von seinem Aussatz befreit und ist damit rein. Um Missverständnissen oder Missbrauch vorzubeugen, spricht Jesus ein Schweigegebot aus. Auch der Priester, der die Reinheit feststellen und bestätigen muss, soll von der Wundertat Jesu nicht erfahren. Erst nach dem Abschluss dieser klärenden Feststellung läuft das Geschehen einen anderen Weg. Jesu Schweigegebot wird nicht eingehalten, sondern allerorten wird die Geschichte bekannt gemacht, so dass Jesus sich in die Einsamkeit zurückziehen muss.

Die Erzählung weist deutlich palästinische Verhältnisse und judenchristliche Überlieferung als Hintergrund des Geschehens auf. Sie berichtet „von einer überragenden Wundertat".[11] Es lässt sich durchaus vorstellen, dass dieser knappe Bericht sich auf ein historisches Geschehen gründet.

Zu Anfang des zweiten Kapitels berichtet der Evangelist in anschaulicher Darstellung von der *Heilung eines Gichtbrüchigen.* (Mk 2,1–12 Par.) Jesus ist von einer großen Menge aufmerksamer Zuhörer umgeben, so dass die vier Helfer, die den Kranken tragen, nicht an Jesus herankommen können. Daraufhin steigen sie mit ihm auf das Dach des einfach gebauten Hauses, decken das Dach auf und lassen den Kranken von oben zu Jesus hinunter. Jesus spricht ihn an mit den Worten: „Mein Sohn, deine Sünden sind dir vergeben." (V. 5) Dieses Wort Jesu setzt die im antiken Judentum verbreitete Ansicht voraus, dass Krankheit und Sünde in einem ursächlichen Zusammenhang zueinander stehen.[12] Lässt Krankheit die Vermutung zu, dass sie durch Fehlverhalten der betroffenen Menschen ausgelöst wurde, so kann durch Vergebung der Weg zur Genesung eröffnet werden. Jesus bewertet das sichtbare Verlangen nach Hilfe als Glauben – ein Zutrauen, das nicht erst durch ein Wunder ausgelöst wird, sondern sich durch das Hilfsersuchen an Jesus zu erkennen gibt. Durch das Wort Jesu nimmt die Geschichte einen anderen Weg als erwartet. Nicht körperliche Heilung, sondern ein Streitgespräch wird durch Jesu Wort ausgelöst. Jesus spürt, was die Schriftgelehrten in ihren Herzen denken, und redet sie mit der kritischen Frage an: „Was ist leichter, zu dem Gelähmten zu sagen: Dir sind deine Sünden vergeben, oder zu sagen: Steh auf, nimm dein Bett und geh umher?" (V. 9)

Der Übergang vom erwarteten, aber noch nicht eingetretenen Heilungswunder zum Streitgespräch ist durch die Nahtstelle zu erkennen, durch die in die Wundergeschichte eine polemische Auseinandersetzung mit den Opponenten Jesu eingefügt wird. Viele Exegeten haben daher die Annahme vertreten, dass die beiden Stücke V. 1–5a.11f. und V. 5b–10 erst sekundär miteinander verknüpft worden seien.[13] Offensichtlich enthält die Perikope in ihrer jetzt vorliegenden Fassung „zwei Pointen: 1. Das Wunder, 2. Das Logion von der Sündenvergebung, und zwar ist das zweite Motiv ganz äußerlich in das erste eingeschoben".[14] Dieser „Einschub" aber kann schwerlich als selbständiges Stück überliefert worden sein, sondern ist offensichtlich auf die überkommene Wundergeschichte hin abgefasst und dann eingesetzt worden.[15] Damit aber wird hervorgehoben, dass Jesus kraft der ihm eigenen Hoheit als Menschensohn nicht nur geheilt, sondern auch Sünden vergeben hat. Seine Gemeinde „kann daher ihr Recht der Sündenvergebung auf Jesus zurückführen".[16]

Der Evangelist Markus wird die Erzählung in etwa der Gestalt vorgefunden haben, wie er sie aufgezeichnet hat. Der komplizierte Überlieferungsprozess, der anzunehmen ist, lässt die Frage nach dem historischen Haftpunkt offen bleiben.

Am Anfang des dritten Kapitels des Markusevangeliums steht eine Heilungsgeschichte, die sich auf den Streitpunkt um rechte *Wahrung des Sabbats* bezieht. (Mk 3,1–6 Par.) Ein *Mann mit einer verdorrten Hand* wird von Jesus angewiesen, seine Hand auszustrecken. Der Kranke folgt dieser Weisung und empfängt sogleich Genesung seiner Hand. (V. 5) Doch nicht das Wunder, sondern Streit über das Sabbatgebot macht das eigentliche Thema der Perikope aus. Mit einer scharf formulierten Frage wendet Jesus sich an seine Kritiker: „Soll man am Sabbat Gutes tun oder Böses tun, Leben erhalten oder töten?" (V. 4) Die Antwort kann nur lauten, Gutes zu tun sei geboten, also helfen und heilen. Damit setzt Jesus sich über das gängige, eng gehaltene Verständnis des Sabbatgebots hinweg und demonstriert die ihm eigene Hoheit.

Das Logion in V. 4 ist auf den historischen Jesus zurückzuführen.[17] Bei Matthäus ist das Wort Jesu in eine allgemeingültige Regel gefasst: „Darum darf man am Sabbat Gutes tun." (Mt 12,12) Der ursprüngliche Wortlaut ist jedoch im Markusevangelium erhalten. In der urchristlichen Überlieferung ist das überkommene Wort Jesu über den Sabbat durch die Beispielgeschichte von der Heilung eines Mannes mit einer verdorrten Hand veranschaulicht worden. Kern der Überlieferung ist mithin das Wort Jesu in V. 4.

Im fünften Kapitel des Markusevangeliums sind zwei Begebenheiten von wunderbarer Hilfe Jesu ineinander verflochten (Mk 5,21–43 Par.). Die Erzählung beginnt mit der Bitte, die der *Synagogenvorsteher Jairus* zugunsten seiner schwer erkrankten Tochter an Jesus richtet. Doch ehe Jesus zur Tat schreiten kann, umdrängt ihn die große Menge Volks, so dass eine *blutflüssige Frau* sich unbemerkt an Jesus herandrängen kann. Diese zweite Wundergeschichte bewirkt, dass einige Zeit verstreicht, ehe Jesus sich der Tochter des Jairus annehmen kann.[18] Die um Heilung nachsuchende Frau hat – wie ausdrücklich vermerkt wird – von Ärzten keine Hilfe erfahren können, obwohl sie all ihr Gut dafür aufgewandt hatte (Mk 5,26). Doch die Berührung Jesu, durch die die Frau ihrer Bitte Nachdruck verleiht, bewirkt sogleich wunderbare Heilung, so dass Jesus zur soeben genesenen Frau sagen kann: „Meine Tochter, dein Glaube hat dich gesund gemacht. Geh hin in Frieden und sei gesund von deiner Plage." (V. 34 Par.) Ebenso wie in Mk 2,1–12 geht auch hier der Glaube als Vertrauen zu Jesus dem Wunder voran. Die Heilung aber tritt auf der Stelle ein.

Für die Geschichte von der Heilung der blutflüssigen Frau sind mehrere Züge einer Wundergeschichte kennzeichnend: Typisch ist die Angabe der Krankheitsdauer (V. 25) und die Betonung der vergeblichen Bemühungen der Ärzte (V. 26), die die Schwere des Leidens und damit die Größe des Wunders hervorheben soll. Typisch ist das hier besonders ausgestaltete Motiv der Berührung (V. 27–32), typisch auch die Plötzlichkeit der Heilung (V. 29).[19] Die in der Erzählung verwendeten typischen Züge stehen jedoch nicht der Annahme im Wege, dass die urchristliche Überlieferung von Jesu Heilandswirken ein anschauliches Beispiel festhält.

Eine weitere *Heilungsgeschichte* erzählt der Evangelist im siebenten Kapitel (Mk 7,31–37 Par.).[20] Jesus hält sich im Gebiet der Dekapolis (= zehn Städte) auf. Da wird ein *Taubstummer* zu ihm gebracht und die Bitte ausgesprochen, er möge ihm die Hand auflegen. Jesus nimmt sich des Kranken an und berührt seine Zunge mit Speichel – alles Züge, wie sie in der alten Welt als einfache Heilmittel betrachtet und bewertet wurden. Volkstümlichen Vorstellungen entspricht auch das Wort, wie Jesus es spricht. Er bedient sich fremder Sprache, deren Wort große Wirksamkeit beigemessen wurde:[21] Hefata! Ebenso wie Mk 5,41 wird das aramäische Wort, das für Griechisch sprechende Hörer unverständlich ist, sogleich ins Griechische übersetzt: „Sei geöffnet!“ Damit wird unterstrichen, dass Jesu majestätische Weisung das entscheidende Wort zu Heilung und Rettung spricht.

Jesu Schweigegebot wird auch hier missachtet, können die Zeugen sich doch nicht zurückhalten, sondern rufen sie allerorten aus: „Alles hat er gut gemacht, sowohl die Tauben bringt er zum Hören als auch die Stummen zum Reden.“ (V. 37) Dieses verallgemeinernde Zeugnis lehnt sich an Schriftworte an (LXX Gen 1,31 und Jes 35,5f.) und überträgt auf Jesus, was in den heiligen Schriften verheißen ist. Während eine Lukasparallele fehlt, hat der Evangelist Matthäus diese verallgemeinernde Aussage dahin erweitert, dass er die ganze Perikope zu einem Summarium umformt: Jesus befindet sich am See Gennesaret. Dann fährt der Evangelist fort: „Und da kam eine große Menge zu ihm, die hatten bei sich Gelähmte, Verkrüppelte, Blinde, Stumme und viele andere Kranke und legten sie Jesus vor die Füße. Und er heilte sie, so dass sich die Menge verwunderte, als sie sahen, dass die Stummen redeten, die Verkrüppelten gesund waren, die Gelähmten gingen und die Blinden sahen; und sie priesen den Gott Israels.“ (Mt 15,30f.)

Bei dieser weit ausholenden Zusammenfassung des Heilandswirkens Jesu legt der Evangelist den Nachdruck vor allem auf Krankenheilungen, wie sie Jesus als Zeichen des kommenden Äons vollzog. Damit aber zeigt dieses Beispiel, wie Darstellung und Wertung überlieferter Erzählungen von Krankenheilungen im Fortgang der Tradition von Stufe zu Stufe an Umfang und Lobpreis zugenommen haben. Vom historischen Kern geht ein Prozess wachsenden Lobpreises aus, dessen Fortgang an der Markusperikope und der Gegenüberstellung mit der Matthäusfassung zu erkennen ist.

Durch die von ihm mit Nachdruck eingeprägten Schweigegebote will der Evangelist Markus deutlich machen, dass Jesu Heilandswirken nicht isoliert verstanden werden kann, sondern nur im Zusammenhang mit Jesu Kreuz und Auferstehung recht begriffen wird.[22] Die Vollmacht (ἐξουσία *exousia*) Jesu, mit der er handelt, „ist die ἐξουσία dessen, der zum Kreuz geht".[23] Jesu Krankenheilungen sind Erweis der ihm eigenen Vollmacht, mit der er in Wort und Tat wirkt. Dadurch werden die Wundergeschichten in einen sie miteinander bestimmenden Rahmen gefügt, so dass sie miteinander die Christusbotschaft veranschaulichen, di es zu bezeugen gilt.

6.4 Die Seitenreferenten Matthäus[24] und Lukas[25] bringen über die im Markusevangelium enthaltenen Vorgaben hinaus die einzige Heilungsgeschichte, die sie der Spruchüberlieferung Q entnehmen konnten: die Geschichte vom *Hauptmann von Kapernaum* (Mt 8,5–13 par. Lk 7,1–10). Dieser wendet sich an Jesus mit der Bitte um Hilfe für seinen krank darniederliegenden „Jungen".[26] Mit dem Hinweis auf seine soldatische Erfahrung, dass ein Befehlswort sogleich gehorsame Befolgung auslöst, will er Jesus zur Hilfe bewegen. Dadurch gelingt es ihm, Jesus für seine Sache zu gewinnen. Denn Jesus bewertet diese bittende Haltung des Hauptmanns als „Glauben" (V. 10). Auf diesen Glauben hin spricht Jesus sein vollmächtiges Wort: „Dir geschehe, wie du geglaubt hast. Und der Junge wurde geheilt zur selben Stunde." (V. 13) Mit dieser nüchternen Aussage wird am Schluss die inzwischen eingetretene Gesundung des Jungen festgestellt. Doch an das Ende der Geschichte hat der Evangelist aus der Spruchüberlieferung Q ein gewichtiges Logion gestellt: „Viele werden kommen von Osten und Westen und zu Tische liegen mit Abraham, Isaak und Jakob im Himmelreich. Aber die Söhne des Reichs werden ausgestoßen werden in die Finsternis draußen; da wird Wehklagen sein und Zähneknirschen." (V. 11f.) Während fern stehende Heiden zum künftigen Heil gebracht werden, wird über ungläubige Söhne Israels das Gericht ergehen. Wird auf der einen Seite bei Anbruch des Heils die Grenze zwischen Israel und den Heiden aufgehoben, so werden auf der anderen Seite diejenigen, die glaubenden Gehorsam versagen, dem endzeitlichen Gericht verfallen.[27]

Mit dieser Betonung unterstreicht der Evangelist Matthäus, dass die Botschaft von Jesu Heilandswirken nicht nur das alte Gottesvolk angeht, sondern gleicherweise die Heiden, die sich glaubend Jesus zuwenden. Dieser Glaube, wie ihn der bittende Hauptmann bezeugt, ist durch das ungeteilte Vertrauen zu Jesus ausgezeichnet – und wurde in dieser Kraft vergeblich in Israel gesucht (V. 10). Die Fassung der Geschichte, wie sie vom Evangelisten Matthäus gebracht wird, lässt mithin erkennen, dass im Lauf der Überlieferung an ihr interpretierend gearbeitet worden ist. Da sie so starken Nachdruck auf die Aufnahme der Heiden legt, könnte man vermuten, „daß es sich um ideale Szenen handelt".[28] Doch setzt sie in der vorliegenden Fassung alte Tradition voraus.[29] „Daß Jesus ein ‚Charismatiker' war, von dem auch körperliche Heilung ausging, ist nicht zu bezweifeln und ist wichtig."[30] Der urchristlichen Überlieferung aber kam es von Anfang an darauf an, „die Entsprechung zwischen Glaube und Erfüllung" zu betonen und damit die Warnung zu verbinden „vor der frommen Sicherheit, die sich auf die Zugehörigkeit zu den Vätern verließ, statt den Glauben in den Fragen und Nöten des Alltags wirklich zu leben".[31]

Über die Vorlagen des Markusevangeliums und der Spruchüberlieferung hinaus bietet der Evangelist Lukas einige weitere Heilungsgeschichten. Die erste stellt im Vergleich zu den bei Markus überlieferten Sabbatkonflikten eine jüngere Bildung dar; Jesus heilt *am Sabbat eine verkrümmte Frau* (Lk 13,10–17). Anders als in den älteren Geschichten steht in dieser Erzählung am Beginn die Heilung. Erst danach folgt eine Auseinandersetzung mit dem Archisynagogen über den Sabbat.[32] Der Evangelist Lulas hat diese Geschichte aus der ihm vorgegebenen Tradition übernommen und durch eine redaktionelle Schlussbemerkung in V. 17b in den von ihm hergestellten Zusammenhang eingefügt, in dem ihm die Sabbatgeschichte als Beispiel für die Unbußfertigkeit der Juden dient (Lk 13,1–9, V. 15: ὑποκριταί *hypokritai*).

Der Evangelist schließt eine weitere *Sabbatgeschichte* an, die gleichfalls als jüngere Bildung zu erkennen ist (Lk 14,1–6).[33] Vorausgesetzt ist das Logion von Mk 3,4: „Soll man am Sabbat Gutes oder Böses tun, Leben erhalten oder töten?" Zu diesem Spruch wird hier eine kurze Geschichte erzählt, die an einem konkreten Beispiel – wie in Mk 3 am Anfang – veranschaulicht, wie man rechtes Verständnis des Sabbats wahrt und befolgt.

Lk 17,11–19 wird eine Geschichte von der *Heilung zehn Aussätziger* erzählt, die offensichtlich eine jüngere Variante zu Mk

1,40–45 Par. darstellt (s. o. S. 65f.). Jesus begegnet zehn aussätzigen Männern, die sich mit der dringenden Bitte an ihn wenden. „Jesus, lieber Meister, erbarme dich unser." (V. 13) Wie in der Vorgabe von Mk 1,40–45 weist Jesus die Zehn an, hinzugehen und sich den Priestern zu zeigen. Diese müssen die Genesung feststellen und die Erlaubnis geben, in die Gesellschaft zurückzukehren. Auf dem Weg dorthin werden die Zehn rein und erhalten dann die Bestätigung ihrer Genesung. Doch nur einer von ihnen kehrt zu Jesus zurück, um ihm zu danken und Gott zu preisen. Und der war ein Samaritaner! Zur Beschämung der jüdischen Hörer dieser Erzählung wird die Dankbarkeit dieses Fremdstämmigen so nachdrücklich hervorgehoben: „Sind nicht die Zehn rein geworden? Wo aber sind die Neun?" (V. 17) In dieser Lukasperikope ist somit „die Geschichte Mk 1,40–45 ... zu einer idealen Szene verwendet, in der Dankbarkeit und Undankbarkeit in einem eindrucksvollen Bilde dargestellt werden".[34]

6.5 Blickt man zurück auf die Reihe der gemusterten Krankenheilungen Jesu, so zeigt sich, dass ein historisch verankerter Kern der Überlieferungen erkennbar hervortritt. Dubletten, sekundäre Kompositionen und ausschmückendes Wachstum der Überlieferung sind von diesem ältesten Überlieferungsbestand abzuheben, um zum Ergebnis zu gelangen: „Jesus hat Heilungen vollbracht, die den Zeitgenossen erstaunlich waren. Es handelt sich dabei primär um die Heilung psychogener Leiden ... Es sind Vorgänge, die in der Richtung dessen liegen, was die Medizin als Überwältigungstherapie bezeichnet. Diese Heilungen waren nicht erst der Überlieferung, sondern schon Jesus selbst besonders wichtig."[35]

Zur Frage, wie auf einen historisch fassbaren Überlieferungskern geschlossen werden kann, gilt das vorsichtig abwägende Urteil folgender Sätze: „Wenn man die Wirksamkeit Jesu als Wundertäter und Exorzist nicht bestreiten kann, muß man zugestehen, daß er das mit den Wundern und Exorzismen verbundene Weltbild geteilt hat, es war das Weltbild seiner Zeit. Sich seiner Zeit verständlich zu machen, ist nur möglich, wenn man die beherrschenden Vorstellungen von Mensch und Welt berücksichtigt. Jesu charismatische Wundertätigkeit ... besitzt in der Umwelt gewisse Parallelen, unterscheidet sich aber erheblich von der institutionalisierten Wunderheilkunst an den Wallfahrtsorten der Antike (Epidauros) … In ihrer Ausrichtung auf die Reich-Gottes-Botschaft zeigt sie an, daß die universale Heilszukunft im Auftreten Jesu bereits wirksam und erfahrbar geworden ist."[36]

Indem die Evangelisten die Überlieferung von Jesu Wundertaten in das Licht der Botschaft von Kreuz und Auferstehung Jesu Christi rücken, machen sie deutlich, dass erst im Zusammenhang mit Predigt und Bekenntnis des Evangeliums Jesu Heilandswirken recht verstanden wird: Jesus von Nazaret ist der Christus. Er ist der Davidssohn und Retter in allerlei Nöten des Leibes und der Seele.

Anmerkungen

1 Vgl. R. Bultmann, Synopt. Tradition, ²1931, 229.

2 Zu Austreibungen von Dämonen und Blindenheilungen vgl. die beiden folgenden Kapitel 7 und 8.

3 Or.sacr. II 31f. Zur Übersetzung und Erläuterung vgl. G. Delling, Zur Beurteilung des Wunders durch die Antike, in: Studien zum Neuen Testament und hellenistischen Judentum. Gesammelte Aufsätze 1950–1968, Berlin/Göttingen 1970, 66f.

4 Weitere Beispiele für Heilungen durch den Gott Asklepios bei G. Delling, Antike Wundertexte, KIT 79, Berlin ²1960, Nr. 20–30.

5 Vgl. Sueton, Vespasian 7; Übersetzung nach A. Lambert, Sueton, Leben der Cäsaren. Rowohlt-Klassiker der Literatur und der Wissenschaft, Hamburg 1960, 295.

6 Vgl. P. Fiebig, Jüdische Wundergeschichten des neutestamentlichen Zeitalters, Tübingen 1911.

7 Vgl. Talmud Babli b. Berakot 34 b; Übersetzung nach Fiebig, a. a. O., 20 und B. Kollmann, Wundergeschichten, 2002, 44.

8 Im angegebenen Abschnitt des Talmud Babli wird an diese Wundergeschichte eine weitere angeschlossen, die gleichfalls von einer widerfahrenen Heilung auf Grund frommen Gebets erzählt. Vgl. Fiebig und Kollmann, a. a. O.

9 Vgl. G. Theißen, Wundergeschichten, 1974 (⁶1990), 101 mit Belegen.

10 Vgl. Theißen, ebd.

11 Vgl. J. Gnilka, Das Evangelium nach Markus I, Neukirchen/Zürich 1978, 92.

12 Vgl. Billerbeck I, 495.

13 Vgl. Bultmann, ebd., 12–14 und dort genannte Exegeten sowie die neueren

Kommentare zum Markusevangelium. Nach wie vor wird jedoch auch dafür argumentiert, die Perikope als einheitlich zu beurteilen. Vgl. Theißen, a. a. O., 165f. und dort genannte Exegeten.

[14] Vgl. Bultmann, a. a. O., 12.

[15] Vgl. D.-A. Koch, Die Bedeutung der Wundergeschichten für die Christologie des Markusevangeliums, BZNW 42, Berlin 1975, 48.

[16] Vgl. Bultmann, a. a. O., 13.

[17] Vgl. E. Lohse, Jesu Worte über den Sabbat, in: Die Einheit des Neuen Testaments, Göttingen 1973, 62–72 (= Judentum – Urchristentum – Kirche. Festschrift für J. Jeremias, BZNW 26, Berlin 1960, 79–89). Vgl. weiter Kollmann, a. a. O., 83–89.

[18] Zu dieser Geschichte vgl. u. S. 96. Dort ist die Geschichte einer Totenerweckung des Näheren zu würdigen.

[19] Vgl. Bultmann, a. a. O., 229.

[20] Neben den Kommentaren z. St. ist zu verweisen auf R. v. Bendemann, Auditus et Testamentum – Die Heilung des Tauben/Stummen in der Dekapolis (Mk 7,31–37), in: Festschrift für R. Preul, Marburg 2005, 55–69.

[21] Vgl. auch Mk 5,41/Talitha kumi, s. u. S. 97. Zur sog. ῥῆσις βαρβαρική vgl. Bultmann, a. a. O., 227 und D. Lührmann, Das Markusevangelium, Tübingen 1987, 105 sowie J. Jeremias, NT Theologie I, [3]1979, 18 Anm. 51.

[22] Vgl., Koch, a. a. O., 192: „Nicht aufgrund der einzelnen Taten des Irdischen, sondern erst aufgrund von Kreuz und Auferstehung ist Jesu Würde als Gottessohn voll aussagbar."

[23] Vgl. Koch, ebd., 183.

[24] Vgl. H. J. Held, Matthäus als Interpret der Wundergeschichten, in: G. Bornkamm, Überlieferung und Auslegung im Matthäusevangelium, WUNT 1, Neukirchen 1960, 155–287.

[25] Vgl. U. Busse, Die Wunder des Propheten Jesus – Die Rezeption, Komposition und Interpretation der Wundertradition im Evangelium nach Lukas, FzB 24, Stuttgart 1977.

[26] Lukas hat das griechische Wort παῖς (= Junge) durch δοῦλος (= Knecht/Sklave) wiedergegeben und damit der Geschichte einen anderen Akzent verliehen: Der Hauptmann bittet für seinen erkrankten „Diener".

[27] Der Evangelist Lukas hat dieses Logion aus der Spruchüberlieferung Q in anderen Zusammenhang eingeordnet (Lk 13,28–30).

[28] Vgl. Bultmann, a. a. O., 39.

[29] Vgl. E. Schweizer, Das Evangelium nach Matthäus, Göttingen 1973, 139.

[30] Vgl. Schweizer, ebd., 139.

[31] Vgl. Schweizer, ebd.

[32] Vgl. E. Lohse, ThWB VII, 26 und weiter: Bultmann, a. a. O., 12.

[33] Vgl. Bultmann, a. a. O., 10.

[34] Vgl. Bultmann, a. a. O., 33.

[35] Vgl. J. Jeremias, NT Theologie I, [3]1979, 96.

[36] Vgl. J. Gnilka, Das Evangelium nach Markus I, Neukirchen/Zürich 1978, 225.

7 Dämonenaustreibungen

7.1 In der Welt der Antike fühlten sich viele Menschen – alt und jung, hoch und niedrig – *von bösen Geistern bedroht,* die nur darauf lauerten, eine günstige Gelegenheit zum Überfall zu bekommen. Die Dämonen bewirkten vielerlei Krankheiten und Beschwerden, unter denen man zu leiden hatte. Umso aufmerksamer und dringlicher schaute man sich daher nach wirksam zupackenden Helfern um, die als Exorzisten den bösen Geistern Einhalt gebieten und sie aus den Menschen, derer sie sich bemächtigt hatten, vertreiben konnten.

Unter den *Wundertaten Jesu,* mit denen er Aufsehen weckte und in Not geratenen Menschen helfen konnte, werden etliche Geschichten von *Dämonenaustreibungen* überliefert, die verbreitete Furcht vor bösen Geistern voraussetzen. Es sind vor allem folgende Perikopen, die im Markusevangelium – und den Seitenreferenten Matthäus und Lukas – von Jesu Sieg über die Dämonen berichten:

Mk 1,21–28 Par.: Heilung eines Menschen mit einem unreinen Geist
Mk 5,1–20 Par.: Heilung eines Besessenen aus Gerasa
Mk 7,24–30 Par.: Heilung eines syrophönizischen Mädchens
Mk 9,14–29 Par.: Heilung eines epileptischen Knaben
Mk 9,38–41 Par.: Der fremde Exorzist

Zu diesen im Markusevangelium enthaltenen Geschichten von Austreibungen böser Geister sind hinzuzunehmen:

Mt 9,32–34: Heilung eines stummen Besessenen
Mt 12,22–24 Par.: Auseinandersetzung mit pharisäischen Kritikern über falsches und rechtes Verständnis von Dämonenaustreibungen

7.2 In der *Umwelt Jesu* erzählte man vielerlei Geschichten von schlimmen oder auch hilfreichen Begegnungen mit *bösen Geistern.* Da war Hilfe geboten, wie sie nur ein Exorzist bieten konnte. Aus der Fülle einschlägiger Vergleichstexte seien zwei Beispiele ausgewählt, das erste *aus jüdischem Bereich,* das zweite *aus der hellenistischen Umwelt.*

Vom jüdischen Verfasser *Josephus* wurde gegen Ende des 1. Jh.s n. Chr. ein breit ausgeführtes Geschichtswerk vorgelegt, in dem er von den Jüdischen Altertümern berichtet. Mit diesem Werk wollte er gegenüber seinen Zeitgenossen für rechtes Verständnis des Judentums werben. Die folgende Erzählung aus diesem Werk setzt voraus, dass man dem König Salomo nicht nur Weisheit und Kunstverständnis zuschrieb, sondern auch Macht über Dämonen.[1] So wusste man Folgendes zu erzählen:[2]

„Gott lehrte Salomo auch die Kunst, böse Geister zum Nutzen und Heil der Menschen zu bannen. Er verfaßte nämlich Sprüche zur Heilung von Krankheiten und Beschwörungsformeln, mit deren Hilfe man die Geister also bändigen und vertreiben kann, daß sie nie mehr zurückkehren. Diese Heilkunst gilt auch jetzt noch viel bei uns. Ich habe zum Beispiel gesehen, wie einer der Unseren, Eleazar mit Namen, in Gegenwart des Vespasian, seiner Söhne, der Obersten und der übrigen Krieger die von bösen Geistern Besessenen davon befreite.

Die Heilung geschah in folgender Weise. Er hielt unter die Nase des Besessenen einen Ring, in dem eine von den Wurzeln eingeschlossen war, welche Salomo angegeben hatte, ließ den Kranken daran riechen und zog so den bösen Geist durch die Nase heraus. Der Besessene fiel sogleich zusammen, und Eleazar beschwor dann den Geist, indem er den Namen Salomos und die von ihm verfaßten Sprüche hersagte, nie mehr in den Menschen zurückzukehren. Um aber den Anwesenden zu beweisen, dass er wirklich solche Gewalt besitze, stellte Eleazar nicht weit davon einen mit Wasser gefüllten Becher oder ein Becken auf und befahl dem bösen Geist, beim Ausfahren aus dem Menschen dieses umzustoßen und so die Zuschauer davon zu überzeugen, dass er den Menschen verlassen habe. Das geschah auch in der Tat, und so wurde Salomos Weisheit und Einsicht kund.“

In der *hellenistischen Welt* der Spätantike genoss der Wanderphilosoph und Wundertäter Apollonius von Tyana hohes Ansehen. Er lebte und wirkte nahezu durch das ganze erste Jahrhundert

n. Chr. Sein Biograph Philostrat erzählt von folgender Begebenheit, in der sich sein bewunderter Held hervortun konnte:[3]

„Als er (= Apollonius) in seinen Unterredungen die Trankopfer behandelte, traf es sich, daß ein Jüngling anwesend war, auf dessen ausschweifenden und verwerflichen Wandel Gassenlieder gedichtet waren … Da brach der Jüngling in ein breites, schamloses Gelächter aus. Apollonius aber heftete seinen Blick auf ihn und sagte: ‚Nicht du frevelst hier, sondern der böse Geist, von dem du besessen bist, ohne daß du es weißt.' Er war aber wirklich besessen, ohne daß es bekannt war; er lachte, wo niemand lachte, weinte ohne Ursache, sang und hielt mit sich Zwiegespräch. Die Leute meinten, seine zügellose Jugend verschulde das, ihn leitete aber ein böser Dämon, und er schien in seinem Frevel wie trunken. Als nun Apollonius ihn schärfer und zorniger anblickte, schrie der Dämon auf wie ein Gebrannter und Gefolterter und schwur, den Jüngling loszulassen und nie wieder einen Menschen zu überfallen. Als aber Apollonius zu ihm sprach wie ein zorniger Herr zu seinem schamlos bösen Knecht und ihm befahl, sichtbar auszufahren, da rief er aus: ‚Das Standbild dort will ich umwerfen' und wies auf eine Statue bei der Königshalle. Wirklich geriet diese in Bewegung und stürzte um. Welcher Schrecken! Welches Staunen! Wer mag's beschreiben! Der Jüngling aber rieb sich die Augen wie ein Erwachender, sah nach der Sonne und war verlegen, weil aller Augen auf ihn sahen. Von da an erschien er aber nicht mehr so wild und maßlos wie vorher, sondern seine gesunde Natur kam wieder zum Vorschein wie nach dem Gebrauch eines Heilmittels. Er vertauschte die feinen mit rauhen Kleidern, nahm den Tribon[4] und folgte dem Apollonius nach."

Diese beiden Geschichten sind offensichtlich gern und des Öfteren erzählt worden. Hier wie dort wird vom Elend gesprochen, das einen besessenen Menschen gepackt und für das Verbleiben in der ihn umgebenden Gesellschaft untauglich gemacht hat. Rettung kommt überraschenderweise durch einen Exorzisten, der mit Hilfe wirksamer Zauberworte und einem kräftigen Schuss Magie der Dämonen Herr zu werden vermochte, so dass sie aus dem Menschen, den sie geknechtet hatten, ausfahren mussten und sich gezwungen sahen, definitiv Abschied zu nehmen. Damit aber ist dem Menschen, der als Besessener Hilfe des Exorzisten gesucht hatte,

Genesung und Freiheit beschert, von deren Eintreten sich die umstehenden Leute sogleich überzeugen konnten.

7.3 Die *urchristliche Überlieferung* und mit ihr auch die Evangelisten teilten das Weltbild mit den Menschen ihrer Zeit. Böse Geister mischen sich unter die menschliche Gesellschaft, suchen sich ihr Opfer und bringen es in ihre Gewalt, indem sie im überfallenen Menschen Wohnung nehmen und sich dort fest einnisten. Gegen Dämonen aber ist antike Medizin machtlos. Man muss daher einen Exorzisten finden und aufsuchen, der über die Geister Herr zu werden weiß und sie austreiben kann. In mehreren Geschichten von Wundertaten beschreibt der Evangelist Markus, wie Jesus Herr über die Geister zu werden weiß und Menschen, die von Dämonen geknechtet werden, zu heilen, die bösen Geister zu verjagen und Heilung zu spenden versteht.

Unter den Geschichten von Wundertaten Jesu, mit deren Erzählung der Evangelist Markus im ersten Kapitel die Proklamation des Evangeliums, das Jesus durch Wort und Tat ausruft, veranschaulicht, befindet sich auch der Bericht über eine *Dämonenaustreibung* (Mk 1,21–28 Par.). Jesus hat mit seinen soeben berufenen Jüngern am Sabbat die Synagoge in Kapernaum betreten und zu lehren begonnen. Seine Worte sind so kraftvoll, dass die Hörer über sie erschrecken. Lehrt er doch als einer, der Vollmacht (ἐξουσία *exousia*) hat – und nicht wie die Schriftgelehrten. Diese seine Vollmacht demonstriert Jesus sogleich in der Begegnung mit einem Menschen, der einen unreinen Geist hat, der von ihm Besitz ergriffen hat.

Den nun folgenden Bericht über die Wundertat gibt der Evangelist in einer Weise, wie sie auch in seiner Umwelt verschiedentlich verwendet wurde. Der unreine Geist unternimmt den vergeblichen Versuch, den Exorzisten abzuwehren, indem er die Worte spricht: „Was willst du von uns, Jesus von Nazaret? Du bist gekommen, um uns zu vernichten. Ich weiß, wer du bist – der Heilige Gottes." (V. 24) Dämonen verfügen über besonderes Wissen, mit dem sie wahrnehmen können, wo ihnen gegen sie gerichtete Gefahr droht. Indem sie den Exorzisten dadurch zu bekämpfen suchen, dass sie ihn bei seinem Namen anreden, unternehmen sie einen letzten

Versuch der Abwehr.[5] Christliche Leser dieser Geschichte werden jedoch diese Worte als Zeugnis für höheres Wissen verstanden haben, mit denen sie aussprechen, wer Jesus in Wahrheit ist: nicht ein mit Hilfe von Magie wirkender Exorzist, sondern „der Heilige Gottes".[6]

Da dem bösen Geist die Abwehr misslingt, kommt Jesus in Vollmacht mit einem Befehl zu Wort, der sofortige Wirkung auslöst. Er bedroht den Dämon mit den kurzen Worten: „Fahre aus von ihm." Daraufhin fährt der böse Geist mit Getöse aus dem Besessenen aus und lässt ihn als Befreiten zurück. Als Schluss der Geschichte wird die nüchterne Feststellung der anwesenden Zeugen getroffen: „Und sie entsetzten sich alle, so dass sie sich untereinander befragten und sprachen: ‚Was ist das? Eine neue Lehre in Vollmacht. Er gebietet auch den unreinen Geistern, und sie gehorchen ihnm.'" (V. 27) Jesu Sieg über die Dämonen wird mithin als Ausdruck seiner Vollmacht verstanden, mit der er in Wort und in Tat handelt.

Eine *breit ausgestaltete Wundergeschichte* wird vom Evangelisten Markus im fünften Kapitel erzählt: Die Heilung eines Besessenen aus Gerasa (Mk 5,1–20 Par.). Ähnlich wie in den beiden oben (s. S. 76f.) aus der Umwelt überlieferten Wundergeschichten hat auch hier die Freude am Fabulieren Gestalt gewonnen.[7] Jesus hat sich in das Gebiet begeben, das im Umfeld von Gerasa gelegen ist, und trifft dort einen Menschen mit unreinem Geist. Der Besessene hält sich in Grabhöhlen auf und lässt sich in seiner Wildheit nicht mehr bändigen. Als er jedoch Jesus erblickt, geht er auf ihn zu und wirft sich ehrfürchtig zu Boden. Aus dem Besessenen meldet sich der böse Geist zu Wort und versucht, den Exorzisten abzuwehren, indem er ruft: „Was willst du von mir, Jesus, du Sohn Gottes, des Allerhöchsten? Ich beschwöre dich bei Gott: Quäle mich nicht." (V. 7, vgl. o. S. 23). Jesus nimmt die Auseinandersetzung an, befiehlt dem Dämon auszufahren und fragt ihn nach seinem Namen. Daraufhin erhält er zur Antwort: „Legion heiße ich; denn wir sind viele." (V. 9) Die Schar böser Geister ist offensichtlich so groß, dass sie eine ganze Legion aufstellen könnte.[8]

Der Dämon bittet Jesus, ihn nicht aus der Gegend, in der sie sich befinden, zu vertreiben. Da bietet sich Gelegenheit einzugreifen. In der Nähe befindet sich eine große Herde Schweine, wie es sie nur in heidnischem Land geben kann. Die bösen Geister stürzen sich auf die unreinen Tiere, so dass die Herde den Abhang hinunterstürmt und in den See (Gennesaret) hinunterrollt – 2000 Schweine. Die Angabe einer so hohen Zahl ist gewiss überhöht, gibt jedoch das schadenfrohe Empfinden sowohl des Erzählers wie auch der Zuhörer wieder.

Die wortreich gestaltete Erzählung endet damit, dass die Aufmerksamkeit noch einmal auf den Kranken gerichtet wird, den Jesus so eindrucksvoll geheilt hat. Als Jesus ins Boot steigt, um die Rückfahrt anzutreten, wendet sich der Geheilte an ihn mit der Bitte, bei Jesus bleiben zu dürfen. Aber Jesus ließ das nicht zu, sondern weist ihn an, in sein Haus zu den Seinen zu gehen und ihnen zu verkündigen, welch große Wohltat der Herr an ihm getan und sich seiner erbarmt hat (V. 19).

Diese mit spürbarer Freude des Erzählens gestaltete Geschichte wird man schwerlich als einen historischen Bericht verstehen bzw. missverstehen können. Der Weg in nichtjüdisches Gebiet, die Beschreibung des elenden Zustands des Besessenen, die Heilung und vor allem die 2000 Schweine sind Elemente der im Lauf mündlicher Überlieferung gewachsenen Geschichte. Ob in ihr noch ein alter Überlieferungskern enthalten sein könnte, ist nicht mehr sicher zu entscheiden, da die überkommene Fassung der Erzählung deutlich erkennen lässt, dass die uns vorliegende Gestalt der Geschichte das Ende einer längeren Überlieferungsgeschichte darstellt. An deren Anfang könnte die Nennung des Namens „Legion" gestanden haben.[9] Denn dieses Wort kann zweierlei bedeuten: 1. den Legionär und 2. die Legion. Möglicherweise hat der Dämon auf Jesu Frage die Antwort gegeben: Ich bin ein Legionär. Diese Antwort könnte dann missverständlicherweise im zweiten Sinn der Bedeutung aufgenommen worden sein. Hatte der Dämon sich mit dem Namen einer ganzen Legion vorgestellt, so würde auch eher verständlich, wie der Schwank mit den 2000 Schweinen mit der Heilungsgeschichte verbunden werden konnte.[10]

Die Seitenreferenten Matthäus und Lukas haben diese voluminöse Geschichte jeweils ein Stück gekürzt und durch knappere Erzählung die Bedeutung dieser Heilung unterstrichen. Matthäus hat überdies aus einem Besessenen gleich zwei gemacht und dadurch eine bessere Entsprechung von zwei Leuten und 2000 Schweinen hergestellt. (Mt 8,28–34)

Eine weitere Dämonenaustreibung wird im siebenten Kapitel des Markusevangeliums dargeboten (Mk 7,24–30 par. Mt 15,21–28): die *Heilung eines syrophönizischen Mädchens.* Jesus ist unterwegs im Gebiet von Tyrus, also wiederum in einem mehrheitlich von Heiden bewohnten Gebiet. Da tritt eine Frau, die für ihre kranke Tochter eintreten möchte, an Jesus mit der Bitte heran: dass er den bösen Geist, der sie befallen hat, austreiben möchte (V. 26). Jesus verhält sich zunächst abweisend gegenüber der nichtjüdischen Frau und sagt zu ihr: „Lass zuvor die Kinder satt werden; es ist nicht recht, dass man den Kindern das Brot wegnehme und werfe es vor die Hunde." (V. 27) Dieser Satz hält der Frau und den anwesenden Hörern vor, dass Heiden allesamt als unrein betrachtet werden und daher eine Gleichbehandlung von Juden und Heiden nicht in Betracht kommt. Doch die Frau lässt sich nicht entmutigen, sondern setzt neu an: „Ja, Herr, aber doch fressen die Hunde unter dem Tisch von den Brosamen der Kinder." (V. 28)

Die Geschichte nimmt nun einen unerwarteten Verlauf. Nicht mehr die erbetene Heilung steht im Mittelpunkt der Erzählung, sondern alle Aufmerksamkeit ist auf den Dialog zwischen der Frau und Jesus gerichtet. Die Perikope ist daher „als Streitgespräch besonderer Art oder besser Lehrgespräch anzusprechen". Das Wunder „ist nur auf den Dialog hingeordnet, und der Dialog ist ohne die rahmende Geschichte nicht lebensfähig".[11]

Die Erzählung ist mithin von der Thematik bestimmt, die als zu lösende Frage vor der frühen Christenheit stand: Wie soll *das Verhältnis zu den Heiden* geordnet werden? Gelten auch ihnen die Verheißungen, die den Vätern gegeben wurden? Oder bleiben diese für sie verschlossen? Wie in der Geschichte vom Hauptmann von Kapernaum (s. o. S. 70) wird auch hier redlich um eine Antwort gerungen, die dann durch Jesu demonstrative Tat gewonnen wird. Auf diese Weise wird der Weg zu den Heiden und einer über Israel hinausreichenden Mission frei und weitet sich der Horizont zur weltweiten Verkündigung des Evangeliums.

Die letzte *Geschichte*, die eine *Dämonenaustreibung* betrifft, steht im neunten Kapitel bei Markus sowie in den Wiedergaben der

Vorlage in den Darstellungen der Evangelisten Matthäus und Lukas. (Mk 9,14–29 Par.)[12] Dieser Bericht ist zu den Geschichten von Wundertaten Jesu zu zählen, die sich nicht mit einer kurzen Darstellung begnügen, sondern weiter ausholen und die Heilung durch ein beigefügtes *Lehrgespräch* erläutern. Damit wird eine Brücke geschlagen zum Auftrag, wie er den Jüngern Jesu in seiner Nachfolge aufgegeben ist. Einleitung und Schluss sind ausführlicher gestaltet als in vergleichbaren Geschichten. In der Mitte steht die Heilung des epileptischen Knaben durch Jesus.[13]

Eine große Menge von Leuten drängt sich um die kleine Schar der Jünger Jesu. Auf Jesu Frage, was man von ihnen wollte, wird von einem aus der Menge zur Antwort gegeben: „Meister, ich habe meinen Sohn hergebracht zu dir, der hat einen sprachlosen Geist … Und ich habe mit deinen Jüngern geredet, dass sie ihn austreiben sollen, und sie konnten's nicht." (V. 17f.)

Wie bedrückend die Lage des kranken Jungen ist, wird anschaulich beschrieben:[14] Er stürzt auf die Erde (V. 18.20.26); er hat Schaum vor dem Mund (V. 8.20); er knirscht mit den Zähnen (V. 18). Zusammengenommen führen diese Angaben zur Diagnose: Epilepsie – eine unheimliche Krankheit, der gegenüber antike Medizin ziemlich rat- und hilflos war. Dann aber wird auch der Heilungsvorgang breiter dargestellt als sonst in Wundergeschichten.[15] Der Exorzist wendet sich drohend gegen den Dämon (V. 25) und weist den sprachlosen Geist an, aus dem Menschen, den er in Besitz genommen hatte, auszufahren und nicht mehr in den Kranken, den er geknechtet hatte, zurückzukehren (V. 25). Diesem strengen Befehl muss sich der Dämon beugen, so dass er unter lautem Getöse ausfährt und das Feld räumen muss (V. 26).

Den Erfolg der Heilung demonstriert Jesus, indem er den soeben Befreiten bei der Hand nimmt und ihn aufrichtet, „und er stand auf". (V. 27) Als Jesus und die Jünger heimgekommen waren, fragten sie ihn, warum sie den Dämon nicht hatten austreiben können. Im redaktionellen Schlussvers gibt ein Jesuswort Antwort auf diese Frage: „Diese Art kann durch nichts anderes ausfahren als durch Beten." (V. 29) Damit wird die Geschichte zu einem Abschluss gebracht, der auf *Leben und Handeln der Jünger Jesu* zielt, die später in der Nachfolge ihres Herrn erneut vor die schwere Aufgabe gestellt werden, gegen böse Geister anzugehen. Dafür gilt die Weisung, dass nur derjenige dieser Aufgabe gerecht werden kann, der in rechter Weise glaubt und betet.

Am Ende des neunten Kapitels bringt der Evangelist Markus eine kurze Geschichte, die ebenso wie die soeben besprochene Erzählung wieder auf das Handeln der Jünger bezogen ist. (Mk 9,38–41) Die Jünger berichten Jesus, dass sie einen *Exorzisten* gesehen haben, der sich angemaßt hat, im Namen Jesu Geister auszutreiben. Dieses *Konkurrenten* hatten die Jünger sich dadurch entledigen wollen, dass sie ihm verboten hatten, böse Geister im Namen Jesu auszutreiben – „weil er uns nicht nachfolgt". (V. 38) Jesus aber antwortet gelassen: „Niemand, der ein Wunder tut in meinem Namen, kann so bald übel von mir reden." (V. 39) Daraus ergibt sich für die urchristliche Mission, die in eine synkretistisch bestimmte Umwelt eintritt: „Wer nicht gegen uns ist, der ist für uns." (V. 40)[16]

Nicht nur in diesem knappen Überlieferungsstück, das auf eine möglichst klare Trennung zwischen rechter und falscher Nachfolge drängt, ist als „Sitz im Leben" der frühen Christenheit der *Aufbruch urchristlicher Verkündigung in die hellenistische Umwelt* deutlich zu erkennen. Auch andere Perikopen sprechen in diese Situation hinein. Das gilt ebenso für das Ausfahren böser Geister und den Angriff auf 2000 Schweine (Mk 5,1–20; s. o. S. 79f.) wie auch für die komplizierte Situation in der Erzählung von der Heilung eines epileptischen Knaben (Mk 9,14–19; s. o. S. 82).

7.4 Am Ende der Erörterung von Dämonenaustreibungen Jesu ist die Frage zu bedenken, ob im Zusammenhang dieser Wunderberichte ein fester *„Überlieferungskern"* auszumachen ist, der in Verbindung mit dem Wirken des historischen Jesus steht. Einst hatte *W. Wrede* in seiner scharfsinnigen Studie über das *Messiasgeheimnis* im Markusevangelium[17] das kritische Urteil gefällt, die Geschichten von Dämonenaustreibungen seien allesamt erst in der urchristlichen Überlieferung entstanden. Weil man zu wissen meinte, die Dämonen hätten ein verborgenes Wissen um die Messianität Jesu, habe man die Geschichten von Begegnungen Jesu mit bösen Geistern zum Anlass genommen, ihre Rufe als Ausdruck des Messiasbekenntnisses im Wirken des irdischen Jesus zu verstehen.

Doch ursprünglich sei Jesu öffentliche Wirksamkeit unmessianisch gewesen. *Wrede* folgerte daher: es könne „die Annahme eines geschichtlichen Kernes nicht mehr a priori wahrscheinlich sein", und fällte sein Urteil: „Ich schließe also: diese Züge sind aus der wirklichen Geschichte zu streichen."[18]

Die intensive Debatte über Rang und Bedeutung des *historischen Jesus* hat jedoch zu der weithin geteilten Ansicht geführt, dass es gründlicher Analysen jedes einzelnen Textes bedarf und daher ein differenziertes Urteil zu gewinnen ist. Zweifellos haben im Lauf der Überlieferung manche Geschichten nicht unerhebliche Veränderungen und Ergänzungen erfahren. Doch kann das Urteil über die verschiedenen Geschichten durchaus unterschiedlich sein. In der Analyse der wortreich erzählten Dämonenaustreibungen Mk 5,1–20 Par. und 9,14–29 Par. muss es angesichts des komplizierten Überlieferungsprozesses und des unverkennbaren Wachstums der Tradition unsicher bleiben, ob sich ein fester Überlieferungskern noch herausschälen lässt (vgl. o. S. 30). Anders aber verhält es sich mit knapp gefassten, kurzen Geschichten von Wundertaten Jesu. Ein pauschales Urteil kann sich daher nicht als förderlich erweisen.

Ein aus kritischen Studien gewonnenes Bild hat *E. Käsemann* dann so beschrieben: Jesus habe „die Grundlagen der antiken Dämonologie" zerschlagen, „die ja auf der Auffassung beruht, daß der Mensch von den Mächten der Welt bedroht wird"[19] … „Jesus hat mit einer unerhörten Souveränität am Wortlaut der Tora und der Autorität des Mose vorbeigehen können. Diese Souveränität erschüttert nicht nur die Grundlagen des Spätjudentums und verursacht darum entscheidend seinen Tod, sondern hebt darüber hinaus die Weltanschauung der Antike aus den Angeln."[20]

Indem Jesus seine Wundertaten in den Kontext endzeitlicher Perspektive rückt, gibt diese eschatologische Orientierung auch den Auseinandersetzungen mit Dämonen und bösen Geistern ein besonderes, eigenständiges Gepräge. *H. Conzelmann* urteilt daher mit Recht in knappen Worten: Jesu Wunder „bedeuten nicht die Gegenwärtigkeit des Reiches selbst, sondern seine vorgreifende Wirkung, und wollen Einstellung auf die nahe Zukunft herbeiführen. Noch müssen Dämonen ausgetrieben werden. Wiederum ist mit Jesus die Zeit angebrochen, daß sie verjagt werden *können*."[21] Darum kann durchaus für die Geschichten von Dämonenaustreibungen Jesu ein „Überlieferungskern“ angenommen werden.

Auf einen historisch fassbaren Ursprung lässt sich im Blick auf Austreibungen böser Geister durch Jesus noch auf einem anderen Wege zurückschließen.[22] In der Spruchüberlieferung Q ist ein Logion Jesu festgehalten, in dem Jesus seinen Kritikern in scharfen Worten entgegentritt: „Wenn ich die bösen Geister durch den Geist Gottes[23] austreibe, so ist ja die Herrschaft Gottes zu euch gekommen.“ (Mt 12,28) Die Kritiker Jesu setzen hier als gegeben voraus, dass Jesus Wunder tat, und bestreiten das nicht. Strittig ist nicht die Wundertat als solche, sondern die Frage, in welcher Vollmacht Jesus handelt – ob in satanischer oder von Gott gegebener ἐξουσία *exousia*. Mithin wird auch von Jesu Gegnern zugestanden, dass er Wunder getan hat. Was sie als dämonisches Handeln disqualifizieren möchten, sind die Zeichen, die den *Anbruch der Gottesherrschaft* ansagen. „Die Austreibung der Dämonen ist also Wahrzeichen der Äonenwende.“[24]

Anmerkungen

1 Vgl. E. Lohse, Σολομών, ThWB VII, 459–465, bes. 462f.

2 Josephus, Jüdische Altertümer VIII 2,5. Zur Übersetzung vgl. H. Clementz, Des Flavius Josephus Jüdische Altertümer I, Halle a. d. S., 1899, 474f.; sowie Fiebig, Jüdische Wundergeschichten, 67f. und G. Delling, Zur Beurteilung des Wunders durch die Antike, in: Studien zum Neuen Testament und zum hellenistischen Judentum, Berlin/Göttingen 1970, 63.

3 Philostrat, Leben des Apollonius IV, 20. Zur Übersetzung vgl. C. K. Barrett, Umwelt des Neuen Testaments, Tübingen 1959, 88–90; sowie Delling, a. a. O., 63.

4 Der Tribon war der graue Mantel eines Philosophen. Vgl. Barrett, a. a. O., 89.

5 Vgl. O. Bauernfeind, Die Worte der Dämonen im Markusevangelium, BWANT III, 8, Stuttgart 1927, 3–18.

6 Vgl. K. Kertelge, Die Wunder Jesu im Markusevangelium, StANT 23, München 1970, 56 betont, der Evangelist Markus habe ἅγιος τοῦ θεοῦ im Sinn des Gottessohntitels verstanden.

[7] Außer auf die Kommentare, die weitere Literatur angeben, sei verwiesen auf: R. D. Aus, My Name is „Legion". Palestinian Judaic Tradition in Mark 5,1–20 and other Gospel Texts, Lanham/USA 1984.

[8] Der Name „Legion" könnte zugleich eine polemische Anspielung gegen die römische Besatzungsmacht einschließen. Vgl. J. Gnilka, Das Evangelium nach Markus I, Neukirchen/Zürich 1978, 205.

[9] Vgl. J. Jeremias, NT Theologie I, ^{3}1979, 90f.

[10] Vgl. Bultmann, Synopt. Tradition, ^{2}1931, 224f.

[11] Vgl. Gnilka, a. a. O., 290f.

[12] Außer auf die Kommentare und die dort verzeichnete Literatur ist zu verweisen auf: A. Lindemann, Die Wundergeschichte Markus 9,14–29, in: Bethel-Beiträge 38, Bielefeld 1988, 130–140 sowie R. v. Bendemann, Heilige Krankheit? Epilepsie im Spannungsfeld physiologisch-sozialer und religiöser Deutungen im Neuen Testament, in: M. Roth und J. Schmidt (Hgg.), Gesundheit, Theologie, Kultur-Hermeneutik 10, 2008, 1–43.

[13] Der Evangelist Markus wird vermutlich den ganzen Zusammenhang von Lehrgespräch und Krankenheilung als Vorgabe vorgefunden haben. Vgl. Bultmann, Synopt. Tradition, ^{2}1931, 225f.

[14] Vgl. v. Bendemann, a. a. O., 37.

[15] Vgl. v. Bendemann, ebd.

[16] Mit dieser Feststellung stimmt nicht überein, was an anderer Stelle gesagt wird: „Wer nicht mit mir ist, der ist gegen mich." (Mt 12,30 par. Lk 11,23)

[17] Vgl. W. Wrede, Das Messiasgeheimnis in den Evangelien, (1901) Göttingen ^{3}1963, 31f. u. ö.

[18] Vgl. Wrede, a. a. O., 31.

[19] Vgl. E. Käsemann, Das Problem des historischen Jesus, in: Exegetische Versuche und Besinnungen I, Göttingen 1960 (= ^{5}1967), 187–222.207f.

[20] Vgl. Käsemann, ebd., 208.

[21] Vgl. H. Conzelmann, Zur Methode der Leben-Jesu-Forschung, in: Theologie als Schriftauslegung, BEvTh 65, München 1974, 8–29.26.

[22] Vgl. oben S. 30.

[23] In der Lukasparallele ist nicht vom Geist Gottes, sondern in altertümlicher Redeweise vom „Finger Gottes" die Rede. (Lk 11,20)

[24] Vgl. H. J. Held, Matthäus als Interpret der Wundergeschichten, in: G. Bornkamm (Hg.), Überlieferung und Auslegung im Matthäusevangelium, WMANT 1, Neukirchen 1960, 155–287.156.

8 Blindenheilungen

8.1 Zur Zeit Jesu und der ersten Christen war vielen Menschen das harte Geschick auferlegt, *als Blinde* leben zu müssen. Manche waren schon als Blinde geboren, anderen widerfuhr Blindheit als Folge unhygienischer und ungesunder Lebensverhältnisse.[1] Gegenüber dem Übel der Blindheit wussten auch Ärzte keinen Weg, zur Heilung zu verhelfen.[2] Dieses Urteil wurde allgemein geteilt, so dass feststand, „daß nicht ärztliche Bemühung, sondern allenfalls die übernatürliche Kunst eines gottgleichen Menschen oder eines Gottes selbst einem Blinden das Augenlicht wiedergeben kann".[3] Heilung eines Blinden wusste man daher nicht als Folge ärztlicher Kunst, sondern allenfalls durch ein Wunder zu erhoffen, das ein mit besonderer Heilkraft begabter Mensch verrichten könnte.

Von wunderbaren Blindenheilungen berichten Votivtafeln des Asklepiosheiligtums in Epidaurus. Auf einer dieser Tafeln heißt es, der auf die Hilfe der Gottheit hoffende Mensch habe im Traum gespürt, wie die Gottheit zu ihm gekommen sei und ihm die Augen mit den Fingern aufgetan habe.[4] In großer Dankbarkeit wird berichtet, wie das Wunder der Blindenheilung ganz plötzlich eingetreten sei und dem Gläubigen das Augenlicht geschenkt habe.

Mit besonderer Hochachtung wurde immer wieder erzählt, wie der Kaiser *Vespasian* sich hilfreich einem Blinden und einem Lahmen zugewandt habe. Indem er die Augen des Blinden mit seinem Speichel benetzte, habe er diesem heilende Kraft gespendet, so dass ihm die Augen geöffnet wurden (s. o. S. 63).

Dass Blindheit auch durch ungünstige *seelische Zustände* ausgelöst werden kann, weiß man schon seit den Tagen der Antike. Aber auch heute ist man sich in der Augenheilkunde dessen bewusst, dass psychogene Leiden den Krankheitsbefund mitbestimmen. Hierfür ein Beispiel aus unseren Tagen.

Der Chef einer hoch angesehenen Augenklinik erzählte mir vor etlichen Jahren folgende Geschichte. Eines Tages wurde ihm die Aufgabe gestellt, den kriegsblinden Vorsitzenden des örtlichen Kriegsblindenvereins zu untersuchen und festzustellen, ob die Voraussetzungen für die gewährte Rentenzahlung weiterhin gegeben seien. Der Arzt untersuchte den Patienten genau und gründlich und kam zu dem Ergebnis, dass der Patient durchaus würde sehen können. Diesen Befund eröffnete er dem Patienten, der daraufhin tatsächlich sehen konnte. Psychische Hemmungen, die offensichtlich die Sehkraft blockiert hatten, wurden beiseitegeräumt – und plötzlich geschah das Wunder: Rückgabe der Sehkraft und das Ende der Blindheit.

Über diesen Gang der Dinge herrschte allgemeine Dankbarkeit und Freude. Doch wendete sich alsbald das Blatt. Denn der positive Befund der ärztlichen Untersuchung hatte zur Folge, dass die Rentenzahlung für einen Kriegsblinden eingestellt wurde. Darüber erschrak der Betroffene so sehr, dass er in die alte Blindheit zurückfiel. Alle Versuche, noch einmal eine Besserung herbeizuführen, missrieten. Von nun an blieb der Patient unverändert blind.

Mein Gesprächspartner wollte mit diesem Bericht über seine ärztliche Erfahrung zeigen, wie kompliziert und differenziert die Gründe sind, die Erblindung und Blindheit zur Folge haben. Im Blick auf die biblischen Geschichten von Blindenheilungen sollte kritische Forschung nicht vorschnell in Skepsis verfallen. Vielmehr könnten die Überlieferungen von Blindenheilungen durchaus einen historischen „Überlieferungskern“ enthalten.

8.2 Vor dem weit gespannten Hintergrund, der Blindenheilungen höchst verschiedener Art enthält, soll nun der Blick auf die Geschichten gerichtet werden, die von Wundertaten berichten, die *Jesus an Blinden* vollzogen habe.

Der *Evangelist Markus* berichtet von zwei Blindenheilungen, die Jesus bewirkt hat, und stellt diese beiden Perikopen an wichtige Stellen seines Evangeliums:

Mk 8,22–26: Der Blinde von Bethsaida
Mk 10,46–52 Par.: Die Heilung des blinden Bartimäus

Während sich zur zweiten Perikope Parallelen bei Matthäus und Lukas finden, steht die Geschichte von Mk 8,22–26 ohne Seitenreferenten da. Bei Lukas gibt es keinerlei Anzeichen für eine etwaige Übernahme und Weitergabe. Bei Matthäus aber steht in der langen

Reihe aufeinander folgender Wundergeschichten der kurze Bericht von zwei Blinden und deren Heilung (Mt 9,27–31) (s. o. S. 27). Im Unterschied zu Mk 8 hat der Evangelist die Erzählung gestrafft, aber anstelle von einem von zwei Blinden gesprochen. Durch diese Verdoppelung soll offensichtlich die große Wende bekräftigt werden, die Jesus durch die von ihm verrichteten Wundertaten bewirkt hat.[5]

Jesus kommt – so wird Mk 8 berichtet – nach *Betsaida* (Mk 8,22–26). Da bringt man einen Blinden zu ihm und fordert Jesus auf, den Blinden zu berühren. Daraufhin nimmt Jesus den Blinden bei der Hand und führt ihn aus dem Dorf hinaus. Und dann vollzieht er die Heilung und wendet dabei volkstümliche Mittel an. Jesus spuckt auf die Augen des Blinden und legt ihm die Hände auf (V. 23). Verwendung von Speichel als Heilmittel und Auflegung der Hände werden auch in zeitgenössischen Heilungsgeschichten erwähnt. Die Heilung erfolgt schrittweise. Zuerst richtet Jesus an den Blinden die Frage, ob er etwas sehen könne. Die Antwort lautet „Ich sehe die Menschen, als sähe ich Bäume umhergehen." (V. 24)

Diesen umrisshaften ersten Erfolg vertieft Jesus, indem er dem kranken Menschen nochmals die Hände auf die Augen legt. Der Erfolg stellt sich unverzüglich ein: Der ehemals Blinde kann alles scharf sehen. Jesus kann ihn daher wieder nach Hause schicken, doch soll er das vor ihnen liegende Dorf meiden (V. 26). Diese Weisung Jesu hängt offensichtlich mit dem markinischen Schweigegebot bzw. Messiasgeheimnis zusammen. Jede Form von Sensationshascherei wird abgewiesen und die Aufmerksamkeit ganz auf das Wundergeschehen konzentriert.

Eine zweite Blindenheilung hat der Evangelist an das Ende seines langen Berichts über die öffentliche Wirksamkeit Jesu in Galiläa gestellt und ihr damit besonderen Nachdruck verliehen. (Mk 10,46–52)

Jesus, der den *Weg zum Kreuz* antritt, schenkt einem Blinden das Augenlicht, damit er sehen und begreifen kann. Mit seinen Jüngern befindet sich Jesus auf dem Weg nach Jerusalem. Da sitzt ein blinder Bettler am Wegesrand. Bettelei war oft das einzig verbliebene Mittel, um als Blinder einen höchst bescheidenen Lebensunterhalt zu bekommen. Der blinde Bettler ruft die Vorübergehenden an und bittet um Hilfe: „Jesus, du Sohn Davids, erbarme dich meiner."

(V. 48) Jesus bleibt stehen und lässt den Bettler zu sich kommen. Dann richtet er an ihn die entscheidende Frage „Was willst du, dass ich für dich tun soll?" (V. 51) Hatte der blinde Bettler Jesus eben als Davidssohn – und damit hoheitsvoll als Gesalbten Gottes[6] – angerufen, so sagt er nun – gleichfalls mit großem Respekt – „Rabbuni". Als Rabbi bzw. Rabbuni redeten Schüler ihren Lehrer an, der sie im Verständnis der Tora und ihrer Auslegung unterwies.[7] Wiederholt wird diese Anrede in den Evangelien ins Griechische übertragen und dann durch διδάσκαλος *didaskalos* wiedergegeben. Doch schon bald trat diese Anrede zurück, weil sie dem frühen Christentum nicht mehr hinreichend erschien. An die Stelle eines Rabbi/Rabbuni = Lehrer/Meister trat dann die ehrfürchtige Anrede als Kyrios, durch die Jesu unvergleichliche Majestät bezeichnet wurde.

Die auf die Anrede folgende Bitte lautet: „dass ich sehend werde". (V. 51) Dieser Bitte entspricht Jesus und weist den eben noch blinden Bettler an: „Geh hin, dein Glaube hat dir geholfen." (V. 52)[8] Ein kurzer Satz stellt den Erfolg der Heilung fest und weist den Weg in die Nachfolge Jesu, in die der soeben Geheilte eintreten möchte.

Vergleicht man diese Erzählung einer Blindenheilung mit der in Kap. 8 dargebotenen Wundertat Jesu, so fällt auf, dass die zuletzt betrachtete Geschichte viel stärker gedanklich entwickelt und „christlich" fundiert ist. Die *Hoheitstitel „Davidssohn" und „Rabbuni"* legen Nachdruck auf die Messianität des Helfers. Doch dann richtet sich die erzählerische Aufmerksamkeit auf den blinden Bettler, mit dem Jesus ein Zwiegespräch aufnimmt. Ist in Mk 8 der helfende Jesus die wichtigste Gestalt in der Erzählung, so wird hier der Leser dazu angehalten, auf den Hilfe suchenden Blinden vor allem anderen zu achten. Daraus folgt, dass Mk 10 eine jüngere Bildung vorliegt, in der auch die spezifisch „christliche" Thematik von „Wunder und Glaube" besonders betont wird (s. o. S. 89).[9] Im Glauben zu leben ist unmittelbare Folge der von Jesus gewährten Hilfe, mit der er sich erbarmend des Kranken und Elenden annimmt. Durch diese Worte leuchtet ein Stück Licht von Ostern auf – zu Recht; denn die überliefernde Gemeinde kann nicht davon absehen, dass Jesus der Retter identisch ist mit dem gekreuzigten und auferstandenen Christus.

Im Matthäusevangelium findet sich im neunten Kapitel eine weitere kurz gefasste Geschichte einer Blindenheilung. Angeregt durch die Vorgaben in den beiden markinischen Geschichten, beschreibt der Evangelist in knappen Worten Jesus als den Retter der Blinden. (Mt 9,27–31) Dabei nimmt der Evangelist eine deutliche Steigerung des Wunders vor, indem er nicht nur von einem, sondern von zwei Blinden spricht, die Jesus um Hilfe bitten.[10] Da der Evangelist – anders als Mt 20,29–34 – sich nicht an eine Vorgabe durch das Markusevangelium gebunden weiß, sondern frei erzählen kann, kommt hier seine prägende theologische Gestaltungskraft deutlicher zum Ausdruck. Jesus begegnet *zwei Blinden*, die ihren Hilferuf auch hier mit der Anrede Davidssohn einleiten (V. 27). Damit ist der thematische Einstieg in das Zwiegespräch gegeben, das Jesus mit den Blinden über den *Zusammenhang von Glaube und Wunder* führt.[11] Nachdem die Blinden Jesu Frage nach dem Glauben bejaht haben, berührt Jesus ihre Augen. Daraufhin werden ihre Augen geöffnet. Der Davidssohn als Helfer und Retter hat seine charismatische Kraft öffentlich bezeugt und ist dem Elend entgegengetreten, das die beiden Blinden geknechtet hatte.

8.3 Die urchristliche Überlieferung hält mit entschiedener Klarheit und Bestimmtheit fest, dass *Jesus Blinde geheilt* hat. Sie hat aber kein Protokoll eines Heilungsvorgangs angelegt, sondern Jesus als den Heiland der Blinden bezeugt. In dieser weitergetragenen Verkündigung ist ein *historischer Überlieferungskern* – wie auch bei Krankenheilungen und Dämonenaustreibungen – deutlich erkennbar.[12] Indem Jesus als Helfer und Retter der Blinden verkündigt wird, wird zugleich die sinnbildliche Kraft dieser Erzählungen betont. Mangelndes Verstehen, Unglaube und Zweifel, wie sie auch die Jünger immer wieder überkommen, werden fortgenommen durch den, der nicht nur vom Licht redet, sondern als das Licht der Welt Rettung zu schenken weiß. So ist auch bei Blindenheilungen wie bei Heilungen anderer Gebrechen die urchristliche Verkündigung vom *Licht der Osterbotschaft* erhellt. „Man muß sich an Jesus halten, wenn man sehende Augen und das heißt das gläubige Verständnis seines Wortes gewinnen will."[13]

Anmerkungen

1 Vgl. die reiche Materialsammlung bei W. Schrage, τυφλός, ThWB VIII, 270–294.

2 Vgl. Schrage, a. a. O., 273.

3 Vgl. Schrage, ebd.

4 Vgl. Schrage, a. a. O., 274 mit Belegen.

5 Von Joh 9 ist hier nicht zu handeln; doch vgl. u. S. 143f.

6 Vgl. o. S. 32–41: Der Sohn Davids als Helfer und Retter.

7 Vgl. E. Lohse, ῥαββί / ῥαββουνί, ThWB VI, 962–966.

8 Vgl. o. S. 42–60: Kapitel 5 Glaube und Wunder.

9 Vgl. Bultmann, Synopt. Tradition, [2]1931, 228: „Es ist kaum möglich, eine ursprüngliche stilgemäß erzählte Wundergeschichte als Grundlage zu erkennen."

10 Vgl. H. J. Held, Matthäus als Interpret der Wundergeschichten, in: G. Bornkamm (Hg.), Überlieferung und Auslegung im Matthäusevangelium, WMANT 1, Neukirchen 1960, 155–287.207–209. Vgl. auch o. S. 89.

11 Vgl. o. zu Anm. 8.

12 Vgl. o. S. 72f., 84f.

13 Vgl. J. Gnilka, Das Evangelium nach Markus I, Neukirchen/Zürich 1978, 315.

9 Totenerweckungen

9.1 In den synoptischen Evangelien werden zwei Geschichten erzählt, die von der *Erweckung eines Toten* handeln. In der Folge, wie sie Mk 4/5 entfaltet wird, geht die letzte Perikope über die Heilungsgeschichten hinaus und handelt von der Erweckung eines soeben verstorbenen Kindes (Mk 5,21–43). Zunächst wird von einer Begebenheit gesprochen, die auf eine Krankenheilung hinauszulaufen scheint. Mit dieser Geschichte wird eine zweite verknüpft, die die Heilung einer kranken Frau beschreibt (s. o. S. 68f.). Dieser zweite Abschnitt ist mit dem ersten so verflochten, dass er die zuerst berichtete Geschichte unterbricht, so dass eine Pause eintritt, in die die zweite Geschichte hineingestellt wird. Die eingetretene Pause hat zur Folge, dass das erkrankte Kind, von dem die Rede ist, verstirbt, ehe Jesus ihm sich hat zuwenden können. Doch nun wird der Erzählfaden wieder aufgenommen und berichtet, wie die soeben verstorbene Tochter des Jairus ins Leben zurückgeholt wird (Mk 5,35–41). Die Abfolge der vom Evangelisten erzählten Ereignisse läuft auf ein Crescendo hinaus, wie es im Lobpreis über eine Totenerweckung angestimmt wird: „Und sie entsetzten sich sogleich über die Maßen." (V. 42)

Die zweite Geschichte einer Totenerweckung findet sich nur im Lukasevangelium und ist Teil des sog. Sonderguts des Evangelisten Lukas (Lk 7,11–17). Jesus begegnet einem Trauerzug, der einen Toten, den einzigen Sohn seiner Mutter, zu Grabe trägt. Jesus ergreift die Initiative im Kampf gegen den Tod. Er tritt an den Sarg, berührt ihn und ruft den Jüngling ins Leben zurück: „Jüngling, ich sage dir, steh auf." (V. 14) Daraufhin richtete sich der Tote auf und fing an zu reden. Die umstehenden Zeugen sind zutiefst beeindruckt: „Furcht ergriff sie alle, und sie priesen Gott." (V. 16)

9.2 In der *antiken Religionsgeschichte* finden sich sowohl im Bereich des Judentums wie auch in der hellenistisch geprägten Umwelt des Neuen Testaments zum Vergleich einladende Texte.

Im *Alten Testament* ist im Zusammenhang mit den Geschichten der Propheten *Elia* und *Elisa* von außerordentlichen Ereignissen die Rede: Der eine wie der andere Prophet vermag durch seine Kraft ein soeben verstorbenes Kind aus dem Tod ins Leben zurückzurufen. Die erste wie auch die zweite Totenerweckung wird als Gotteszeichen verstanden, im Vertrauen zum Gott Israels bewirkt und in diesem Vertrauen auch angenommen. Hat inständiges Gebet göttliche Hilfe herbeiholen können, so erweist die durch den Propheten erflehte Auferweckung die unvergleichliche Kraft des Gottes Israels (1Kön 17,7–24; 2Kön 4,18–32) (vgl. o. S. 12–14).

Diese eindrücklichen Beispiele stärkten das spätere Judentum in der Überzeugung, dass der Gott Israels Herr über Tod und Leben ist, der auf das Flehen frommer Beter hört und immer wieder einmal dem Sieg des Lebens über den Tod Bahn bricht. In der *rabbinischen Tradition*, wie sie im Talmud ihren Niederschlag gefunden hat, wird die Überzeugung bewahrt, dass Gott auch einem geringen Rabbi die Kraft verleihen kann, einen Toten zu erwecken.[1]

Das Vorbild des Propheten Elisa wird im Blick auf die Erweckung eines Toten bedacht und die Folgerung gezogen: „Wohin gehst du, Gehasi? Da sagte er zu ihnen: einen Toten zu beleben. Da sagten sie (zu ihm): Und bist du etwa imstande, einen Toten zu beleben? Ist es nicht der Herr, der tötet und lebendig macht? Da sagte er zu ihnen: auch mein Lehrer (Rabbi) tötet und macht lebendig.“[2]

In der *hellenistischen Umwelt* des Neuen Testaments wird mit besonderem Nachdruck von den Taten des Philosophen Apollonius von Tyana berichtet[3] und dabei auch die folgende Geschichte erzählt[4]: „Auch folgendes ist eine Wundertat des Apollonius. Ein zur Ehe reifes Mädchen schien gestorben zu sein, und der Bräutigam folgte der Bahre, und jammerte über den frühen Tod seiner Braut. Mit ihm trauerte Rom; denn das Mädchen war aus einem Hause konsularischen Ranges.

Da nun Apollonius dazu kam, sagte er: ‚Setzt die Bahre nieder; ich will eure Tränen über das Mädchen trocknen.‘ Zugleich fragte er nach ihrem Namen. Die Leute glaubten, er werde eine Rede halten, wie die Leichenreden sind, welche Trauer und Wehklage wecken. Er aber berührte sie bloß und sagte einige geheime Worte dazu und erweckte so das Mädchen von dem scheinbaren Tode. Sie gab eine Stimme von sich und kehrte in das Haus ihres Vaters zurück, wie Alkestis, als sie in das Leben zurückgerufen war.[5] Und da die Verwandten dem Apollonius ein Geschenk von 150 000 Denaren machten, sagte er, er füge diese Summe der Ausstattung des Mädchens bei. Ob er nun einen Funken des Lebens in ihr fand, der den Ärzten unbemerkt geblieben war – denn es heißt, dass Zeus es zwar habe regnen lassen, sie aber auf dem Gesicht gedampft habe – oder ob er das verlorene Leben wieder erwärmt und zurückgeholt hat, das ist nicht nur mir, sondern sogar denen, die dabei zugegen waren, geheimnisvoll zu begreifen."

Erweckung eines – soeben – verstorbenen Menschen galt zu jeder Zeit und allerorten als überaus staunenswertes Ereignis. Gleichwohl entsprach es allgemeiner Überzeugung, dass solche Wundertat nicht schlechthin unmöglich sei, sondern hier und da als göttliche Hilfe möglich sein könne. Soweit ein Helfer oder Arzt an solcher Totenerweckung beteiligt war, konnte – und musste – er sich magischer Praktiken zu bedienen wissen.

Es fällt auf, dass die überraschende Wundertat jeweils an einem Menschen vollzogen wird, der soeben verstorben ist. Dabei liegt auch für antikes Verständnis die Frage nahe, ob wirklich schon der Tod eingetreten war oder es nur den Anschein hatte, dass sich ein Todesfall ereignet hatte. Mit der Möglichkeit, dass ein Scheintoter wieder zu Kräften gebracht wurde, wird man – wie der Bericht über die Tat des Apollonius zeigt – durchaus rechnen dürfen. So bleibt in jedem Fall die Grenze zwischen Tod und Leben bestehen. Denn die Menschen, denen eine Totenerweckung widerfahren ist, bleiben sterblich und müssen daher am Ende ihres Lebens ebenso wie alle anderen Menschen den endgültigen Tod erleiden, ohne dass es noch einmal eine Wiederkehr geben könnte.

9.3 Ob jeweils den einzelnen antiken Wunderberichten über Totenerweckungen ein *historisch fassbarer Kern* zugrunde liegt oder aber freie Phantasie die Erzählung erdacht bzw. mindestens ausgeschmückt hat, kann und muss nicht in jedem Fall untersucht werden. Wichtig für den Vergleich mit neutestamentlichen Geschichten von Totenerweckungen ist vielmehr die Denk- und Vorstellungsweise, wie sie in der Antike allgemein üblich war. Dann aber zeigt sich, dass Erwartungen wunderbarer Hilfe oder Vorstellungen über göttliches Eingreifen in den geschichtlichen Ablauf nahezu allgemein geteilt wurden. Will man Geschichten von Totenerweckungen aus der alten Welt richtig verstehen, muss man sich in die Denk- und Vorstellungswelt der längst vergangenen Antike hineinversetzen und dem jeweiligen Erzähler aufmerksam und geduldig zuhören, ohne ihm vorschnell ins Wort zu fallen und ihm nicht zu gestatten auszureden.

9.4 In ausführlicher Breite handeln die *synoptischen Evangelien* von der *Auferweckung der Tochter des Jairus.* (Mk 5,21–43 Par.) Die Erzählung beginnt zunächst ähnlich wie Heilungsgeschichten, von denen man sonst sprach. Jesus befindet sich am Ufer des Sees Gennesaret und wird von einer großen Menge umdrängt (s. o. S. 68). Da kommt ein Archisynagoge namens Jairus und klagt Jesus, seine Tochter sei schwer krank und er möge kommen, um zu helfen. Doch dann tritt eine syrophönizische Frau dazwischen und drängt sich zu Jesus heran, um Hilfe für ihr Leiden zu erwirken[6] (s. o. S. 68).

Durch dieses Wundergeschehen, das zwischen die Begegnung des Archisynagogen mit Jesus eingefügt ist,[7] ist für die erste Geschichte eine Unterbrechung eingetreten, in der die Situation sich von Grund auf verändert hat. Ob der Evangelist Markus die Verflechtung der beiden Geschichten schon in der ihm vorgegebenen Überlieferung vorgefunden oder aber seinerseits selbst gestaltet hat, lässt sich nicht mehr sicher entscheiden. Doch der in die erste Erzählung eingefügte Zwischenbericht hat die Spannung der Hörer und Leser erhöht. Was nun geschieht, ereignet sich in Fortsetzung und Steigerung einer vorgegebenen Heilungsgeschichte. Als er die Nachricht vom soeben eingetretenen Tod des Mädchens erhält, betritt Jesus mit seinen drei engsten Vertrauten – Petrus, Jakobus und Johannes, dem Bruder des Jakobus – die Kammer, in der das Mädchen liegt. Nur ein ganz kleiner Kreis von Zeugen ist zugelassen, das außerordentliche Geschehen miterleben zu dürfen.

Dem Getümmel der aufgeregten Menschen setzt Jesus den schlichten Satz entgegen: das Kind sei nicht gestorben, sondern schlafe. In der Antike wurde der Euphemismus „schlafen" vielfach als behutsam formulierter Ausdruck für Sterben und Entschlafen verwendet. Hier bleibt in einer gewissen Schwebe, ob das Mädchen tatsächlich gestorben oder in tiefen Schlaf gefallen ist. Jesus ergreift das Kind bei der Hand und spricht die kraftvollen aramäischen Worte „Talitha kumi", die sogleich die Folge haben, dass das Kind erwacht.[8] Die aramäische Wendung, die als besonders wirksames Wort festgehalten ist, wird vom Evangelisten für seine griechischsprachigen Hörer und Leser übersetzt: „Mädchen, ich sage dir, steh auf!" (V. 41) Sofort stand das Kind auf, und Jesus gab die Anweisung, ihr zu essen zu geben. Damit ist für alle Anwesenden deutlich bezeugt, dass im Kampf gegen den Tod das Leben den Sieg davongetragen hat.

Ob diese Erzählung auf einen historisch fassbaren Überlieferungskern zurückgeht, lässt sich nicht eindeutig sagen. Denn im Lauf der Überlieferung hat die Geschichte einer Totenerweckung mancherlei Veränderungen und Erweiterungen erfahren. Am Ende ist der Höhepunkt erreicht; denn eine größere Wundertat als eine Totenerweckung lässt sich nicht vorstellen. Die Auferweckung eines Toten wird in der Verlängerung einer Heilungsgeschichte geschildert.[9] Vom Sieg über den Tod kann die urchristliche Verkündigung im Glauben an den auferstandenen Herrn sprechen und im Licht der Osterbotschaft Jesu Heilandswirken betrachten.[10] Dabei wird die Erinnerung an Jesu Wundertätigkeit in einer Geschichte wie dieser konkretisiert.[11] Denn „der, der hier eine Tote ins Leben zurückholt, ist der, von dem am Ende (Mk 16,6) der Engel am Grab sagen wird, daß er nicht bei den Toten sei." Das aber bedeutet: „Eine Steigerung darüber hinaus kann es zunächst nicht geben."[12] So zeigt diese Geschichte Jesu außerordentliche Vollmacht auf; doch das Todesproblem des Menschen will sie nicht lösen. „Für die junge Gemeinde war die Erfahrung von Ostern so überwältigend, daß ‚Auferstehung' für lange Zeit nur das Heilsgeschehen beschrieb, das denen zuteil wird, die im Glauben mit Jesus und seiner Auferweckung zusammengeschlossen sind."[13]

Die Geschichte von der *Auferweckung des Jünglings von Nain* (Lk 7,11–17) bereitet gleichfalls Schwierigkeiten des Verstehens. Jesus – so wird berichtet – begab sich in ein Städtchen namens Nain, begleitet von seinen Jüngern und einer großen Menge. Als er an das Stadttor kam, begegnete ihm eine Trauergesellschaft, die einen soeben verstorbenen jungen Mann, den einzigen Sohn einer Witwe, zu Grabe trug. Jesus sieht, was da geschieht, und ergreift nun seinerseits die Initiative zum Handeln. Er tritt an den Sarg heran, berührt ihn und spricht: „Jüngling, ich sage dir, steht auf!" (V. 14) Jesu vollmächtiges Wort zeigt sogleich Wirkung: „Der Tode richtete sich auf und fing an zu reden, und Jesus gab ihn seiner Mutter." (V. 15)

Diese Erzählung ist weitgehend in der Darstellungsweise gehalten, wie sie hellenistischen Wundererzählungen entspricht. Der Wundertäter löst seinerseits das Geschehen aus. Er steht einem soeben verloschenen Leben gegenüber, doch widerstreitet er dem Tod. Er legt seine Hand auf den Toten – bzw. den Sarg – und spricht ein wirkkräftiges Wort. Und der Tote kehrt ins Leben zurück. Staunende Bewunderung ergreift alle, die dieses Ereignis mit ansahen.

Bis in Einzelheiten hinein weisen die beiden Geschichten – die durch Apollonius vollzogene Totenerweckung und die Geschichte vom Jüngling zu Nain – vergleichbare Züge auf:[14] „Beide Wundertäter treffen auf den Trauerzug und reagieren auf das offenkundige Leid … In beiden Erzählungen wird die erfolgreiche Wunderhandlung durch das Reden der erweckten Person demonstriert. Am Schluss der Erzählungen wird die Reaktion der Zeugen auf das Wunder erwähnt."[15] „In beiden Fällen liegt ein besonders dramatischer Todesfall vor."[16]

Vergleicht man die beiden Geschichten, die aus ganz verschiedenen Lebensbereichen kommen, miteinander, so ist im Blick auf die Auferweckung des Jünglings aus Nain festzustellen, dass die Erzählung „den hellenistischen Typus des Erweckungswunders"[17] zeigt. Die erzählerische Gestalt der Auferweckung des Jünglings von Nain weist mithin auf ihren Ursprung hin, nämlich auf „Hellenistisches Judenchristentum als den Ursprungsort der gewiß sekundären Bildung".[18] Die Erzählung ist in der urchristlichen Überlieferung entstanden und im Licht des Osterglaubens der frühen Christenheit gestaltet. Im Blick auf den Evangelisten Lukas lässt sich sagen, dass für ihn „die Geschichte … ein Zeichen Gottes (ist), das nicht übersehen werden will, sondern hinweisen will auf den, der nicht den Tod will, sondern durch ihn hindurch das wirkliche, endgültige Leben".[19]

Anmerkungen

1 Vgl. P. Fiebig, Jüdische Wundergeschichten, 1911, 37.

2 Vgl. Fiebig, a. a. O., 36f.: Mekh.Vaj[e]hi, beschallach, Par. 1.

3 Apollonius von Tyana „wurde zu Beginn der christlichen Zeitrechnung in Tyana in Kappadozien geboren und lebte bis zur Regierungszeit des Nerva (96–98 n. Chr.) ... Mehr als 100 Jahre nach dem Tod des A. (um 200 n. Chr.) schrieb Philostratus über ihn." A. T. Collins, RGG[4] I, 610. Vgl. auch o. S. 76f.

4 Philostratus, Vita Apollonii IV, 45. Zur Übersetzung vgl. Fiebig, a. a. O., 84; Kollmann, Wundergeschichten, 2002, 92f. und G. Petzke, Historizität und Bedeutsamkeit von Wunderberichten, in: Neues Testament und christliche Existenz. Festschrift für H. Braun, Tübingen 1973, 367–385.372f.

5 Vgl. Fiebig, a. a. O., 84 Anm. 1: „Tochter des Königs Pelias von Jolkos. Sie stirbt für ihren Geliebten Admetos, wird aber dann wieder in die Oberwelt zurückgesendet, resp. von Herakles dem Hades entrissen."

6 Vgl. R. v. Bendemann, Christus der Arzt – Krankheitskonzepte in den Therapieerzählungen des Markusevangeliums, in: J. Pichler, Ch. Heil und Th. Klampfl (Hgg.), Heilungen und Wunder. Theologische, historische und medizinische Zugänge, 2007, 106–129.116.

7 Vgl. v. Bendemann, ebd., 117.

8 Zur Sache der ῥῆσις βαρβαρική vgl. o. S. 74 Anm. 21.

9 Vgl. P. Pokorný / U. Heckel, Einleitung in das Neue Testament, Tübingen 2007, 388: „Totenerweckungen" sind „als gesteigerte Formen eines Heilungswunders zu verstehen".

10 Vgl. Pokorný/Heckel, a. a. O., 389: „Die eigentliche Pointe ist nicht wie bei Elia und Elisa die Wiederbelebung eines Menschen, sondern die Analogie zur Auferweckung Jesu von den Toten durch Gott, der die österliche Hoffnung der Glaubenden auf ein neues, ewiges Leben jenseits des Todes begründet."

11 Vgl. J. Gnilka, Das Evangelium nach Markus I, Neukirchen/Zürich 1978, 219.

12 Vgl. D. Lührmann, Das Evangelium nach Markus, Tübingen 1987, 105.

13 Vgl. E. Schweizer, Das Evangelium nach Markus, NTD 1, Göttingen 1975, 63.

14 Vgl. G. Petzke zu Anm. 4: eingehender Vergleich zwischen der durch Apollonius von Tyana bewirkten Totenerweckung und der Erzählung vom Jüngling zu Nain, a. a. O., 371–378. Siehe auch Kollmann, Wundergeschichten, 2002, 92.

15 Vgl. Petzke, a. a. O., 374f.

16 Vgl. Kollmann, a. a. O., 92.

17 Vgl. Bultmann, Synopt. Tradition, [2]1931, 230.

18 Vgl. Bultmann, ebd., 230.

19 Vgl. E. Schweizer, Das Evangelium nach Lukas, NTD 3, Göttingen 1993, 87f.

10 Naturwunder

10.1 Die synoptischen Evangelien berichten von einer bunten *Vielfalt von Naturwundern.* Plötzliche Veränderungen in der Natur dienen als Demonstrationen für die unvergleichliche Vollmacht des Wundertäters. Dabei ist der urchristlichen Verkündigung in der Umwelt ein reichliches Arsenal an Erzählungen von Naturwundern vorgegeben, die nach Form und Inhalt zu kritischem Vergleich herausfordern. Für diesen Vergleich sind die folgenden Geschichten, von denen die synoptischen Evangelien erzählen, des näheren zu betrachten:

Mk 4,35–41 Par.: Stillung des Seesturms
Mk 6,45–52 Par.: Wandel auf dem See
Mk 6,30–44 Par.: Die Speisung der Fünftausend
Mk 8,1–9 Par.: Die Speisung der Viertausend
Mk 11,12–14.20–26 Par.: Die Verfluchung des Feigenbaums
Lk 5,1–11: Der Fischzug des Petrus
Mt 17,24–27: Die Münze im Fischmaul

10.2 Sog. *Naturwunder* zu erleben oder auch zu erwarten, war *der alten Welt* durchaus geläufig. Die Menschen lebten im Wissen, dass ihr Leben immer wieder von Gefahren bedroht wird, denen sie sich ausgesetzt sahen. Diese Erfahrungen galt es zu verarbeiten, indem man sie als von göttlichem Eingreifen gewirkte Ereignisse zu verstehen suchte und Hilfe von göttlicher Rettungstat erhoffte. Genannt seien einige Beispiele *antiker Texte,* die zum Vergleich mit Naturwundern, von denen im Neuen Testament erzählt wird, dienen können.

Auf einem heidnischen *Schiff* befand sich auch ein jüdisches Kind. Als das Schiff in einen *starken Sturm* geriet, riefen die Leute jeweils ihre Götter an; doch das nützte nichts. „Als sie sahen, dass sie nichts nützten, sagten sie zu jenem Juden: Mein Sohn, steh auf, rufe zu deinem Gott; denn wir haben gehört, dass er euch antwortet, wenn ihr zu ihm schreit, und er ist stark. Sofort stand das Kind auf mit seinem ganzen Herzen und schrie zu Gott, und der Heilige

– gepriesen sei er – nahm von ihm an sein Gebet, und es schwieg das Meer.“[1]

In dieser jüdischen Geschichte liegt die bestimmende Aufmerksamkeit beim Gebet, das Wunder zu wirken vermag. So ist es am Ende nicht ein Mensch, der ein Naturwunder auslösen kann, sondern der Gott Israels, der Herr über die Schöpfung.

Dass es wunderbare Rettung aus großen Gefahren auf Wasser und Meer immer wieder einmal gegeben hat, war für jüdische Beurteilung wunderbarer Geschehnisse durch die Erzählung vom *Propheten Jona* vorgegeben (Jon 1–4). Einst hatten gewaltige Stürme zur Ruhe gebracht werden können, nachdem man Jona ins Meer geworfen hatte. Doch Gott rettete seinen Boten aus dieser Gefahr, indem Jona drei Tage und drei Nächte im Bauch eines großen Fisches verbrachte, der ihn verschlungen hatte. Der Herr „sprach zu dem Fisch, und der spie Jona aus ans Land“ (Jon 2,11). So konnte allen Widrigkeiten zum Trotz der Prophet nach Ninive gelangen und dort die aufgetragene Bußpredigt ausrichten.

Rabbinische Tradition erzählt von wunderbarer Errettung des berühmten Gelehrten *Rabban Gemaliel*: „Rabban Gamaliel fuhr *in einem Schiff*, da erhob sich gegen ihn das stürmische Meer, ihn versinken zu lassen. Da sagte er: Mir scheint, dass das nur wegen R. Eli'ezer ben Hyrkanos geschieht.[2] Da stellte er sich auf seine Füße und sagte: Herr der Welt! Aufgedeckt und bekannt ist es vor dir, dass ich (es) nicht zu meiner Ehre getan habe und nicht zur Ehre meines Vaterhauses (es) getan habe, vielmehr zu deiner Ehre, damit sich nicht mehrten die Streitigkeiten in Israel. Da beruhigte sich das Meer von seiner Heftigkeit.“[3] Als kundiger Schriftgelehrter hatte R. Gamaliel die Jonageschichte im Ohr und wusste deren Vorbild hilfreich einzusetzen. Durch sein offenes Bekenntnis, das er als ein Zeichen der Reue sprach, konnte er bewirken, dass Gott Rettung aus großer Gefahr gewährte.

Von *wunderbarer Speisung* weiß man zu berichten: Eine Frau ging hinein in ihr Zimmer. „Da geschah ihr ein Wunder; denn sie sah den Ofen voll von Broten und die Mulde voll von Teig. Da sagte sie (die Nachbarin) zu ihr: Bringe eine Schaufel; denn deine Brote brennen an.“[4] Der Einfluss vorgegebener Züge – vor allem aus der prophetischen Elia/Elisa-Tradition (vgl. o. S. 12–14) – hat unverkennbar auf diese kurze Erzählung eingewirkt. Durch wunderbares, von Gott bewirktes Geschehen stellt sich eine große Menge Brot ein, so dass alle reichlich satt werden können.

Von *wunderbarer Versetzung eines Baumes* wird die folgende Geschichte erzählt: R. Eli'ezer gab „alle Antworten, die es nur auf der Welt gibt; aber sie (die Gelehrten) nahmen sie nicht an von ihm. Er sprach zu ihnen: Wenn die Halakha nach meiner Meinung ist, so soll es dieser Johannisbrotbaum beweisen. Da wurde der Johannisbrotbaum von seiner Stelle hundert Ellen weit fortgerissen; einige sagen: vierhundert Ellen weit. Man sagte zu ihm: Man erlangt von einem Johannisbrotbaum keinen Beweis."[5] Für die unter jüdischen Gesprächspartnern verhandelte Frage, wie sich rechte Auslegung gesetzlicher Tradition einwandfrei feststellen lasse, ist diese kurze Geschichte kennzeichnend. Es wird nicht in Zweifel gezogen, dass mit der Versetzung des Johannisbrotbaumes ein Wunder geschehen sei. Doch auch wenn es so sein mag, so wird diesem Ereignis keine Beweiskraft in Sachen Auslegung der Tora zuerkannt. Was gültige Weisung des Gesetzes ist, muss jeweils durch sorgfältige Schriftauslegung ermittelt und geklärt werden.

Diese Beispiele verdeutlichen hinlänglich, wie man in der alten Welt vielerorts auf wunderbar gewirkte Hilfe hoffte oder es göttlicher Kraft zutraute, aus misslichen Situationen einen rettenden Ausweg zu weisen. Darin sind hellenistische Umgebung des Neuen Testaments und jüdische Lebensweise nicht grundsätzlich voneinander unterschieden. Doch für Juden kann auch ein Wunder strittige Fragen des Gesetzesverständnisses nicht schlüssig beantworten. Nur durch Gebet und sorgfältige Interpretation der Tora kann für strittige Fragen rechter Lebensweise verbindliche Antwort gewonnen werden. Insofern wird damit eine Eingrenzung jeder Art von Wundergläubigkeit vorgenommen und dem Wort der Tora letztinstanzliche Entscheidungskompetenz zuerkannt.

10.3 In den *synoptischen Evangelien* wird eine ganze Reihe von *Naturwundern* erzählt, die sich bei ganz verschiedenen Gelegenheiten ereignet haben und die unvergleichliche Hoheit und Vollmacht Jesu demonstrieren. Die frühe Christenheit hat offensichtlich die Wundergläubigkeit ihrer Zeit geteilt. „So kann es nicht überraschen, daß“ man „Wundergeschichten auf Jesus übertrug, weil sie (die frühe Christenheit) in ihnen ein Hilfsmittel sah, die Herrlichkeit und Vollmacht ihres Herrn zur Darstellung zu bringen und sie den Menschen der Zeit in einer ihnen geläufigen Sprache zu verkündigen.“[6]

Die verschiedenen Erzählungen von Naturwundern haben besondere Beachtung durch den Evangelisten Markus gefunden. Seinen Vorgaben sind dann die Evangelisten Matthäus und Lukas weitgehend gefolgt, haben aber hier und da eigene Akzente gesetzt. Es empfiehlt sich daher, dem Erzählfaden des Markusevangeliums zu folgen und dann die Erweiterungen in den Blick zu nehmen, die Matthäus und Lukas vorgenommen haben.

Die Reihe von Naturwundern wird eröffnet durch die Geschichte von der *Stillung eines Seesturms* (Mk 4,35–41 Par.). Jesus befindet sich mit seinen Jüngern in einem Boot, um zum anderen Ufer des Sees Gennesaret hinüberzufahren. Da erhebt sich ein großer Sturm, so dass die Wellen in das Boot hineinschlagen. Doch Jesus scheint das alles nicht zu bekümmern. Er befindet sich hinten im Boot und schläft. Da wecken ihn die Jünger mit den vorwurfsvollen Worten: „Meister, fragst du nicht danach, dass wir umkommen?“ (V. 38) Nun steht Jesus auf und bedroht den Wind und sagt zum Meer: „Schweig und verstumme.“ (V. 39) Jesu befehlendes Wort zeitigt sofortige Wirkung. Der Wind legt sich, und es entsteht eine große Stille. An die Jünger aber richtet Jesus die kritische Frage: „Was seid ihr so furchtsam? Habt ihr noch keinen Glauben?“ (V. 40) „Sie aber“ – so wird die Erzählung zum Abschluss gebracht – „fürchteten sich sehr und sprachen untereinander: Wer ist der? Auch Wind und Meer sind ihm gehorsam.“ (V. 41)

Die Geschichte stellt Jesu souveränes Verhalten der Ängstlichkeit der Jünger gegenüber. Im Kontrast zu ihrer bänglichen Furcht bewahrt Jesus in großer Hoheit absolute Ruhe und Gelassenheit. Seinem Befehlswort müssen Wind und Wellen unverzüglich gehorchen. Einzelne Züge der Erzählung klingen an Wendungen der Jonageschichte an. Herausgestellt wird Jesu Majestät, die auch Fahrt und Kurs des Schiffes Kirche bestimmt, um sie zum Ziel entgegenzuführen. Wie weit möglicherweise ein Überlieferungskern in einer konkreten Begebenheit am See Gennesaret vorliegen könnte, lässt sich nicht mehr sicher eruieren. Die Erzählung ist ganz darauf gerichtet, den Jüngern als den ersten Gliedern der Kirche Zuversicht des Glaubens zuzusprechen, damit sie ihre Furcht überwinden. Während der Evangelist Lukas weitgehend der markinischen Vorlage folgt, hat der Evangelist Matthäus die Botschaft dieser Geschichte schärfer herauszuheben gesucht.[7]

Bei Matthäus lautet die Anrede, mit der sich die von Furcht gepackten Jünger an Jesus wenden, nicht mehr „Meister“ (διδάσκαλος *didaskalos*), sondern „Herr“ (κύριος *kyrios*) – kann hier doch nicht mehr Gelehrsamkeit helfen, sondern allein die gebietende Hoheit Jesu als des Herrn. Das vorwurfsvolle Wort, mit dem Jesus die Ängstlichkeit der Jünger tadelt, ist bei Matthäus fortgelassen, um auf das Befehlswort Jesu sogleich die Wirkung durch die Stillung des Sturmes und die staunende Verwunderung der Zeugen als den Höhepunkt der Geschichte herauszustellen. Der Evangelist Matthäus hebt das Kerygma dieser Geschichte hervor, indem er diese „zum Paradigma der Not und Herrlichkeit der Nachfolge“ gestaltet.[8]

So bezeugt diese Geschichte „die Erfahrung, dass Jesu Wort auch in der Bedrohung von Sturm und Wellen rettet. Und der Glaube, zu dem die Erzählung einladen möchte …, dass die Nachfolger Jesu auch in Sturm und in Situationen, in denen er (Jesus) sich nicht zu kümmern scheint, bei ihm geborgen sind.“[9]

10.4 Die Rede vom *Schifflein der Kirche* ist in der alten Kirche oft erzählt und dabei weiter ausgestaltet worden. Bis in die Gegenwart kann dieses Bild angefochtenen und bedrängten Gemeinden Hilfe und Stärkung geben.[10] Um die Erzählung zu bereichern und auszuschmücken, bediente man sich in der frühen Kirche gern des Anschauungsmaterials, das die alte Welt bereit hielt.[11] Dann wurde der Mast des Schiffes auf das Kreuzesholz gedeutet, von dem das Schiff Kraft und Stärke empfängt. Mit sorgfältiger Genauigkeit beschreibt *Hippolyt* das Schiff der Kirche:[12] „Das Meer ist die Welt, in der die Kirche wie ein Schiff auf den Fluten vom Sturm umhergeworfen wird, aber nicht untergeht. Denn sie hat bei sich den erfahrenen Steuermann Christus. Und in der Mitte trägt sie das Siegeszeichen gegen den Tod, weil sie das Kreuz des Herrn bei sich hat. Und die

Leiter, die in ihr zur Höhe bis zur Querstange der Antenne hinaufführt, ist das Symbol des Leidens Christi, das die Gläubigen zur Heimfahrt in den Himmel zieht."

Ambrosius, der die Schriften *Hippolyts* kannte, nimmt dessen Gedanken auf und führt sie weiter:[13] „Glückhafte Fahrt haben die Menschen, die in ihren Schiffen das Kreuz Christi wie einen Mastbaum umfassen, dem sie folgen. Sicher sind sie und des Heiles gewiß im Holze des Herrn, und sie lassen ihr Schiff nicht irrend einherfahren auf den Fluten des Meeres, sondern eilen heim in den Hafen des Heils mit dem Kurs auf die Vollendung der Gnade."

Noch eindringlicher heißt es dann beim Griechen *Proclos*[14]: „Hoch gehen die Wogen. Aber vom Himmel ist der Steuermann. Rasend kommt die Windsbraut daher. Aber der Schiffskiel ist göttlich gefertigt. Nicht können die Fluten bis zum Himmel hinaufspritzen. Nicht vermag der böse Windgeist etwas gegen den heiligen Geist. Und nie wird das Schiff zum Wrack, das da gesteuert wird vom Leben selbst."

10.5 Der Geschichte von der Sturmstillung ist die Erzählung vom *Seewandel* (Mk 6,45–52) inhaltlich verwandt. Sie ist offensichtlich in festem Zusammenhang mit der Geschichte von der wunderbaren Speisung tradiert worden und hat so auch Aufnahme in die Evangelien gefunden.[15] Für diese Annahme spricht, dass in Joh 6 sich gleichfalls dieser feste Zusammenhang findet (Joh 6,1–21). Inhaltlich weist die Geschichte vom Seewandel Beziehungen zu der Sturmstillung auf, die beide auf und am See Gennesaret spielen.

Noch deutlicher als in der Erzählung von der Sturmstillung stellt sich die Perikope vom *Seewandel* als Epiphaniegeschichte dar: Jesus offenbart seine Hoheit und seine Herrlichkeit, indem er seine Jünger aus Gefahr rettet und zu ihnen ins Boot tritt, so dass es seine Fahrt unter sicherem Schutz vornehmen kann (Mk 4,35–41).

Jesus hat sich von seinen Jüngern verabschiedet, und sie befinden sich nun mitten auf dem See. Sie müssen sich beim Rudern plagen, weil der Wind ihnen entgegensteht (Mk 6,48). Da kommt in der Nacht Jesus zu ihnen, indem er auf dem Wasser den Weg zu ihnen findet. Die Jünger erschrecken, weil sie Jesus für ein Gespenst halten. Doch er redet sie an mit den Worten: „Seid getrost, ich bin's:

fürchtet euch nicht!" (V. 50) Dann tritt Jesus zu ihnen ins Boot, und der Wind legte sich.

Noch deutlicher als in der Geschichte von der Sturmstillung ist die Erzählung vom nächtlichen Seewandel Jesu als Offenbarung seiner Hoheit vor seinen Jüngern und dem daraus folgenden Schutz für ihr Boot gestaltet. Die Erscheinung Jesu sieht denen des auferstandenen Christus ähnlich und konzentriert in kurzen Sätzen ihre Botschaft ganz auf die Kundgabe der Hoheit Jesu und seine Hilfe für das bedrohte Boot der Seinen. Ist im Vergleich mit Mk 4,35–41 die Geschichte vom Seewandel noch stärker als christologisches Zeugnis gestaltet, so bedeutet das, dass die Geschichte durch das hellenistische Judenchristentum geformt worden sein muss. Dabei werden jedoch auch biblische Bezüge aufgenommen, die davon sprechen, dass der Gott Israels auf des Meeres Höhen wandelt (Hi 9,8).[16]

10.6 In der urchristlichen Überlieferung sind zwei Geschichten von einer *wunderbaren Speisung* erzählt worden (Mk 6,34–44 Par. und 8,1–9 Par.). Ist dabei zuerst von 5000, dann aber auch von 4000 Teilnehmern die Rede, so ist doch unverkennbar, dass die beiden Fassungen Dubletten sind, die – unbeschadet kleiner Unterschiede – auf dieselbe Tradition zurückgehen. Thematik und Erzählfolge der beiden Geschichten von der wunderbaren Speisung einer großen Menge Volks weisen so deutliche gemeinsame Züge auf, dass kein Zweifel gegen die Feststellung zu erheben ist, dass die beiden Fassungen auf eine gemeinsame Überlieferung zurückgehen, die dann zu zwei einander weitgehend ähnlichen Geschichten aufgespalten worden ist.[17]

Beide Berichte setzen mit der Feststellung ein, dass Jesus die große Menge Volks jammerte. Sie befinden sich an einsamem Ort, Jesus spricht mit seinen Jüngern und fragt sie, wie man so viele Leute satt machen kann. Der Ratlosigkeit der Jünger steht Jesu souveräne Erscheinung gegenüber. Er weist die Menge an, sich zu lagern, und stellt fest, wie viel Speise zur Hand ist. Daraufhin spricht Jesus das Dankgebet und teilt aus, so dass alle satt werden. Die Größe des Wunders wird noch einmal dadurch beschrieben, dass die ungemein hohe Zahl der Teilnehmer genannt wird. Am Ende bleiben nicht benötigte Reste übrig. Der Evangelist Matthäus hebt dann mit Nachdruck hervor, dass es etwa 5000 Mann gewesen seien, die gegessen haben – „ohne Frauen und Kinder". (Mt 14,21)

Alle Aufmerksamkeit der Geschichte ist auf Jesus gerichtet, der nach beiden Fassungen der wunderbaren Speisung seine Hoheit und Macht demonstriert.[18] Diese Demonstration kann sich auf die Mahlgemeinschaft stützen, wie sie der historische Jesus mit Zöllnern und Sündern, vor allem aber mit seinen Jüngern hielt. Die frühe Christenheit feierte Mahlgemeinschaft in ihren gottesdienstlichen Versammlungen. Doch so naheliegend ein Zusammenhang mit urchristlichen Mahlfeiern liegen mag, er wird hier nicht angedeutet. Bestimmend bleibt der christologische Bezug: Jesus offenbart seine Herrlichkeit, indem er die große Menge, die sich um ihn zusammengefunden hat, auf wunderbare Weise speist und sättigt.[19] „Es galt, Jesus als Erbarmer und Helfer zu begreifen. Doch sein Erbarmen mit den Menschen muß ihn zum Kreuz bringen, damit menschliches Verstehen möglich wird."[20]

10.7 Eine merkwürdige Erzählung berichtet, dass Jesus einen *Feigenbaum* verfluchte, als er an ihm keine Früchte fand (Mk 11,12–14.20–22 Par.). Jesus hat Hunger und möchte von einem in vollem Laub stehenden Feigenbaum eine Frucht nehmen. Aber – wie es der Jahreszeit entspricht – an dem Feigenbaum findet sich keine einzige Frucht. Daraufhin spricht Jesus ein Fluchwort über den Baum – eine Art Strafwunder, wie es in der synoptischen Tradition ohne eine vergleichenbare Parallele ist. Als Jesus und die Jünger am folgenden Morgen am Feigenbaum vorüberkommen, sehen sie, dass er verdorrt war bis zur Wurzel (V. 20f.). Jesus betont zum Schluss, dass die Fruchtlosigkeit des Baumes der Schwäche des Glaubens zu vergleichen sei, und hebt positiv hervor: „Habt Glauben an Gott." (V. 22) Der Evangelist Markus hat diese eigenartige Geschichte der ihm vorgegebenen Überlieferung entnommen und bedient sich ihrer, um „Jesu Vollmacht zu unterstreichen. Was er sagt, geschieht". (V. 20)[21]

Diese Geschichte weist eindeutig Züge auf, die die Annahme nahelegen, dass es sich um die Bildung einer urchristlichen Tradition handelt. Falschem und fruchtlosem Glauben wird der Aufruf zu rechtem Glauben entgegengestellt (Mk 11,20–25). Die Passionsgeschichte enthält sonst keine andere Wundergeschichte. Daraus ergibt sich die zwingende Folgerung, dass die Geschichte vom Feigenbaum als spätere Bildung beurteilt werden muss. Die Erzählung berichtet weniger von einem „Wunder“ als vielmehr in einem gleichnisartigen Bild, das symbolisch von rechtem und falschem Glauben handelt. Die vorliegende Fassung der Geschichte von der Verfluchung des Feigenbaums zielt darauf ab, „über die Kraft des Glaubens und des Gebets zu sprechen“.[22]

Von einem *wunderbaren Fischzug* berichtet der Evangelist Lukas (5,1–11). Obwohl Petrus und seine Gefährten die ganze Nacht hindurch vergeblich gefischt hatten, folgt Petrus der Weisung Jesu, ohne zu zögern: „Auf dein Wort will ich die Netze auswerfen.“ (V. 5) Dieses Mal kommt ein unerhört reicher Fang zustande. So viele Fische wurden gefangen, dass die Netze zu reißen drohen. Durch diese Erfahrung ist Simon so stark betroffen, dass er Jesus zu Füßen fällt und angesichts dieser Begegnung seinem erstaunten Erschrecken mit den Worten Ausdruck gibt: „Herr, geh weg von mir! Ich bin ein sündiger Mensch.“ (V. 8) Jesus aber gibt dem Leben des Simon einen von nun an grundlegend neuen Sinn: „Fürchte dich nicht! Von nun an wirst du Menschen fangen.“ (V. 10) Petrus und seine Gefährten bringen die Boote an Land, verlassen alles und folgen ihm nach.

Zu dieser Erzählung findet sich im letzten Kapitel des Johannesevangeliums eine zum Vergleich einladende Geschichte. Nicht der irdische Jesus, sondern der auferstandene Herr tritt Petrus und seinen Gefährten gegenüber. Wie in Lk 5 löst das Befehlswort Jesu einen über alle Erwartung hinausgehenden Ertrag des Fischfangs aus. Die leitenden Motive in beiden Fassungen des wunderbaren Fischzugs stimmen überein.[23] Die vergleichende Gegenüberstellung beider Geschichten legt die Annahme nahe, dass die zugrunde liegende gemeinsame Tradition auf eine Ostergeschichte zurückgeht.[24] Die Ostererzählung konnte vom Evangelisten Lukas in die öffentliche Wirksamkeit Jesu zurückgetragen werden. Denn „für die christliche Gemeinde ist der Erhöhte, im Wort wirkende Jesus mit dem irdischen Herrn ohnehin identisch“.[25]

Die Erfahrung des Petrus, die in dieser Geschichte beschrieben wird, lässt anklingen, dass Petrus der erste Zeuge des auferstandenen Christus war (1Kor 15,5; Lk 24,34). Ist die Gestaltung dieser Geschichte durch den Osterglauben der ersten Christenheit bestimmt, so kann der Ursprung der Überlieferung nicht am historischen Jesus festgemacht werden.

Nur im Matthäusevangelium findet sich eine eigenartige Geschichte, die auf die Frage nach der Entrichtung der *Tempelsteuer* eine Antwort geben möchte (Mt 17,24–27). Petrus wird von denen, die den Tempelgroschen einnehmen, gefragt: „Pflegt euer Meister nicht den Tempelgroschen zu geben?" Als Petrus zu Jesus zurückkommt, kommt Jesus seinem Bericht mit den Worten zuvor: „Von wem nehmen die Könige auf Erden Zoll oder Steuern: von ihren Kindern oder von den Fremden?" (V. 25) Um keinen Anstoß zu geben, spricht sich Jesus dafür aus, die Münze zu entrichten, und weist Petrus an: „Geh hin an den See und wirf die Angel aus, und den ersten Fisch, der herauskommt, den nimm; und wenn du sein Maul aufmachst, wirst du ein Zweigroschenstück finden: das nimm und gib's ihnen für mich und dich." (V. 27)

Nach jüdischem Recht hatte jeder Jude – in der Diaspora ebenso wie im Mutterland Israel – einmal im Jahr eine Doppeldrachme als Steuer für den Tempel zu entrichten. Der judenchristliche Evangelist Matthäus sucht die Frage zu beantworten, ob auch die Judenchristen diese Zahlung zu leisten haben. Zur Antwort bezieht er sich auf ein Jesuswort, das die grundlegende Freiheit beinhaltet. Doch ist darauf zu achten, dass kein Anstoß erregt wird. Deshalb sollen auch Judenchristen die Tempelsteuer zahlen.

Die Geschichte weist deutlich auf judenchristlichen Ursprung hin. Doch „das Motiv des Wunders ist märchenhaft; man könnte an die Geschichte des Polykrates denken, der seinen Ring ins Meer wirft, um die Götter zu versöhnen, und ihn in dem ihm zum Mahle vorgelegten Fisch wiederfindet".[26] Die Geschichte fällt aus dem Rahmen der Wundergeschichten heraus, „denn das Wunder ist Nebensache, der lehrhafte Zweck die Hauptsache".[27] Die Geschichte muss zu einer Zeit geformt worden sein, als der Tempel in Jerusalem noch stand. Doch ist unverkennbar, dass sie judenchristlichen Ursprungs ist und nicht in die Wirksamkeit des historischen Jesus zurückreicht.

10.8 Die Erzählungen von sog. *Naturwundern* zeigen deutlich, dass in der urchristlichen Überlieferung wunderhafte Stoffe aufgenommen wurden, um die Hoheit des auferstandenen Christus beispielhaft zu verdeutlichen. Dabei lässt sich erkennen, dass und wie die Tradition durch die Weitergabe der Geschichten gewachsen ist und zunehmend stärkere Farben benutzt, um die Herrlichkeit Christi darzutun. Die legendenhaften Züge gehen einerseits auf Aufnahme vorgegebener Stoffe zurück, wie sie durch religionsgeschichtlichen Vergleich als geprägte Ausdrucksformen erkennbar werden. Andererseits aber haben mit zunehmender Zeit die urchristlichen Überlieferungen die wunderhaften Züge verstärkt. Die Erzählungen sind ganz auf die Großartigkeit der Erscheinungen Jesu gerichtet. Dabei ist unverkennbar die Ausgestaltung der Geschichten vom Osterglauben her geformt worden. Der auferstandene Herr ist derselbe wie der irdische Jesus von Nazaret. Daher kann überirdische Hoheit in die Zeit des Erdenwirkens Jesu zurückgetragen werden. Das Bekenntnis zum auferstandenen Christus und zu seiner unvergleichbaren Hoheit findet kraftvollen Ausdruck in der zunehmenden Breite erzählter Wundergeschichten.

Anmerkungen

1 j.Ber. IX,1(13b); vgl. Fiebig, Jüdische Wundergeschichten, 1911, 61; siehe auch: Kollmann, Neutestamentliche Wundergeschichten, 2002, 101 und Billerbeck I, 452.

2 R. Gamaliel hatte sich dafür eingesetzt, dass er gebannt wurde. Vgl. Billerbeck I, 409f.

3 BM 59b; vgl. Fiebig, a. a. O., 33; Theißen, Wundergeschichten, 108; ferner: M. Dibelius, Die Formgeschichte des Evangeliums, Tübingen [3]1959, 143f.

4 bTaan. 24b/25a; vgl. Fiebig, a. a. O., 22f.

5 BM 59a; vgl. Billerbeck IV, 314.

6 Vgl. J. Jeremias, NT Theologie I, [3]1979, 92.

7 Vgl. G. Bornkamm, Die Sturmstillung im Matthäusevangelium, in: Bornkamm (Hg.), Überlieferung und Auslegung im Matthäusevangelium WMANT 1, Neukirchen 1960 ([2]1971), 48–53.

[8] Vgl. Bornkamm, a. a. O., 53.

[9] Vgl. W. Klaiber, Das Markusevangelium, Neukirchen 2010, 104.

[10] Vgl. H. Schlier, Das Schifflein Kirche, ThEx 23, München 1935; sowie: Evangelisches Gesangbuch. Ausgabe für Niedersachsen und Bremen, Hannover 1994, Nr. 592: „Ein Schiff, das sich Gemeinde nennt".

[11] Vgl. H. Rahner, Griechische Mythen in christlicher Deutung (Herder-Spektrum), Freiburg 1984, 317f. Im folgenden Darstellung nach Rahner, a. a. O.

[12] Vgl. Hippolyt, De Antichristo 19; Übersetzung nach Rahner.

[13] Ambrosius, Explanatio Psalmorum 43, 17.

[14] Vgl. Proclos, Oratio 27, 5.

[15] Vgl. H. Hegermann, Bethsaida und Gennesar – eine traditions- und redaktionsgeschichtliche Studie zu Mc 4–8, in: W. Eltester (Hg.), Judentum – Urchristentum – Kirche. Festschrift für J. Jeremias, BZNW 26, Berlin [2]1964, 130–140.131.

[16] Vgl. J. Gnilka, Das Markusevangelium I, Neukirchen/Zürich 1978, 269; dort auch Hinweise auf religionsgeschichtliches Vergleichsmaterial. Auch lassen sich Erinnerungen an die wunderbare Mannaspeisung Israels in der Wüste aufzeigen; vgl. Gnilka, a. a. O., 262.

[17] Vgl. Gnilka, a. a. O., 255.

[18] Vgl. D.-A. Koch, Die Bedeutung der Wundergeschichten für die Christologie des Markusevangeliums, BZNW 42, Berlin 1975, 102–104.

[19] Naheliegend erscheinen leichte Anklänge an die Elia-Elisa-Überlieferung (1Kön 17,7–16; 2Kön 4,42–44). Vgl. Gnilka, a. a. O., 257.

[20] Vgl. Gnilka, a. a. O., 304f.

[21] Vgl. D. Lührmann, Das Markusevangelium, Tübingen 1987, 191.

[22] Vgl. W. Klaiber, Das Markusevangelium, Neukirchen 2010, 316.

[23] Vgl. H. Klein, Das Lukasevangelium, Göttingen 2006, 206.

[24] Vgl. Klein, a. a. O., 206. Zurückhaltender argumentiert M. Wolter, Das Lukasevangelium, Tübingen 2008, 201: „Lediglich dass hier wie dort dieselben Rollen auf Petrus und Jesus verteilt werden und dem überreichen Fischfang eine Nacht erfolglosen Bemühens voraufgegangen ist, lässt sich noch als Entsprechung notieren."

[25] Vgl. Klein, a. a. O., 206.

[26] Vgl. E. Schweizer, Das Evangelium nach Matthäus, NTD 2, Göttingen 1973, 232f.

[27] Vgl. Bultmann, Synopt. Tradition, [2]1931, 233.

III. Schluss: Die Wundertaten Jesu im Zeugnis des Evangeliums

11 Die Wundertaten Jesu im Kontext seiner Verkündigung

11.1 Jesu Wundertaten, von denen in den synoptischen Evangelien erzählt wird, stehen nicht isoliert für sich da, sondern sie sind in den *Kontext der gesamten Wirksamkeit Jesu* fest eingebunden. Darum kann ihre Bedeutung nur dann recht verstanden und gewertet werden, wenn sie mit Blick auf diese Vorgabe betrachtet werden. Sprache und Gestalt, in denen die Wundertaten Jesu ins Wort gefasst werden, sind der Umwelt Jesu und der ersten Christenheit entnommen. Begegnungen, die kranke und hilflose Menschen mit Jesus hatten, werden in ähnlicher Weise geschildert, wie es in vergleichbaren Berichten der spätantiken Umwelt zu beobachten ist (s. o. S. 21–23). Der antwortende Ruf der Zeugen „So etwas haben wir noch nie gesehen" oder ähnliche Ausdrücke staunender Betroffenheit weisen im „Chorschluss" darauf hin, dass sie Zeugen eines außerordentlichen Geschehens geworden sind. Mit diesem Lobpreis auf den Wundertäter wird die Geschichte einer Wundertat zum Abschluss gebracht.

Jesus hat sich bei der Ausrichtung seiner Wundertaten der *Ausdrucksmittel seiner Zeit* bedient. So war sein Handeln für die Menschen seiner Zeit verständlich. Die urchristliche Überlieferung, die von Jesu Wundertaten berichtete, gab ihren Berichten kraftvollen Ausdruck, indem sie einzelne Züge der Wundergeschichten besonders betonte und mit zunehmender Zeit in ihren Erzählungen auch gewisse Steigerungen des wunderbaren Geschehens vornahm. So konnte eine Heilungsgeschichte dahin gesteigert werden, dass in einzelnen Fällen sogar von einer Totenerweckung gesprochen wurde. Außerordentliche Naturwunder wurden unter Aufnahme von Vorbildern der Umwelt gestaltet, um Jesu unvergleichliche Hoheit und Erscheinung zu beschreiben.

Bei vergleichender Gegenüberstellung mit Wundergeschichten der Umwelt treten aber auch die für *Jesu Wundertaten charakteristischen Züge* hervor. Es wird nicht in Zweifel gezogen, dass es auch außerhalb der Wirksamkeit Jesu und der urchristlichen Weitergabe dieser Geschichten Wunderereignisse geben konnte und kann. Wundertaten als solche sind nicht auf den Bereich Jesu und der ersten Christenheit beschränkt. Im Gegenteil, auch falsche Propheten können Wunder tun. Ihrer können sie sich bedienen, um Menschen zu verführen (Mt 7,15–20). Darum sollen die Gefolgsleute Jesu auf der Hut sein und genau zusehen, was für Leute ihnen als Wundertäter begegnen – möglicherweise falsche Propheten.

11.2 Jesus und die ersten Christen wurden von Außenstehenden Vorwürfe gemacht, dass sie sich unlauterer Mittel bedient hätten. Diesem Vorwurf tritt Jesus mit scharfen Worten entgegen. Die Kritiker Jesu wollen seine Taten als Werke herabsetzen, die durch Beelzebul bewirkt seien (Mt 12,27 par. Lk 11,19). Dem stellt Jesus entgegen, dass er durch Gottes Geist bzw. durch Gottes Finger[1] (Mt 12,28 par. Lk 11,20) die bösen Geister austreibt. Diese Zeichen kündigen an, dass die „im Himmel bereits bestehende Heilswirklichkeit der königlichen Herrschaft Gottes … in den Exorzismen Jesu nun auch auf der Erde unter den Menschen erfahrbar“ wird.[2]

Jesu Wirken ist von Grund auf unterschieden von Praktiken der Magier und Zauberer, die sich selbst ihrer Taten rühmen wollen. Das Ansinnen, sich durch beweiskräftige Zeichen eindeutig zu legitimieren, weist Jesus entschieden zurück: „Wer nicht mit mir ist, der ist gegen mich; und wer nicht mit mir sammelt, der zerstreut.“ (Mt 12,30 par. Lk 11,23) Die Taten von Magiern, die durch Wunder Eindruck machen wollen – und bis zu einem gewissen Grad auch können –, stehen jeweils für sich da, ohne in einen größeren Kontext eingebunden zu sein. Jesu Wundertaten aber stehen in festem und unlöslichem *Zusammenhang* mit seiner *Verkündigung.* In den Taten Jesu leuchten Signale auf, die auf das Nahen der Gottesherrschaft hinweisen, von der Jesus in seiner Verkündigung spricht.[3]

„Wunder geschehen, weil das wirkungskräftige Wort die Gottesherrschaft ausgerufen hat, und in ihr ist alles heil und gesund. Darum ist nicht das Wunder als solches das Wichtige, sondern die Botschaft, die das Wunder schafft. Die Zeichen begleiten das Wort und dienen nur zur Bestätigung des Verkündeten."[4] Darum ist das Wunder „nicht ein Ereignis, das den Zuschauer zum Glauben zwingt, sondern es ist derselben Zweideutigkeit ausgesetzt, wie die christliche Predigt auch … Wunder haben keinen Eigenwert, sie sind nur Zeichen, daß durch die Verkündigung des Wortes die Gottesherrschaft hereingebrochen ist."[5]

Jesu Wundertaten unterscheiden sich von denen seiner Umwelt nicht nur durch die Ablehnung von legitimierenden Zeichen, sondern auch durch das Fehlen von sog. Strafwundern.[6] Ihren zentralen Inhalt aber haben sie durch die Konzentration auf das Machtwort, das Jesus spricht, um seine helfenden Taten auszulösen. Nicht die äußeren Umstände von Wunderhandlungen sind für die Taten Jesu charakteristisch, sondern „das häufigste Mittel zur Heilung … (ist) das eigene Machtwort Jesu".[7]

Die einzig angemessene Reaktion, mit der die Menschen die ihnen widerfahrene Hilfe anzunehmen haben, ist der *Glaube.* Die urchristliche Überlieferung hat daher diesen Zusammenhang mit Nachdruck unterstrichen, indem sie die Kraft des Glaubens betont, der die Wundertat in Demut empfängt. Durch diese Betonung der Entsprechung von Wunder und Glaube[8] sind die Berichte über Jesu Wundertaten fest eingebunden in den Kontext der Ansage der Gottesherrschaft durch Jesu Verkündigung. In der kommenden Herrschaft Gottes werden Leid, Kummer und Elend überwunden sein und alles heil bzw. geheilt werden. Dieses leitende Motiv nimmt die urchristliche Verkündigung auf, so dass im Neuen Testament „die Wunder zutiefst eben Begleiterscheinungen des Evangeliums" sind, „Manifestation des uns anredenden Gottes in der Sphäre unserer Leiblichkeit und als solche nur dem Glauben einsichtig, das Ärgernis des Ungläubigen jedoch nicht aufhebend".[9]

11.3 Der kritische Vergleich der Wundertaten Jesu mit zeitgenössischen Berichten der damaligen Zeit hebt mithin die feste Einbindung der Wundertaten Jesu in den *Kontext seiner Verkündigung* hervor. Diese „Verbindung von Eschatologie und Wunder ist bei Jesus singulär".[10] Seine Botschaft will nicht nur verstehenden Verstand ansprechen, sondern *den ganzen Menschen* in seiner vorfindlichen Leiblichkeit.[11] Wo immer diese Botschaft aufgenommen wird, da richten sich die Blicke auf die künftige Gottesherrschaft, die die Weitergabe urchristlicher Überlieferung der Wundertaten ankündigt. Durch Wort und Tat vergegenwärtigt die gesamte Wirksamkeit Jesu die Ansage der anhebenden Gottesherrschaft.[12] Das Verbum σῴζειν *sōzein*, das zur Kennzeichnung der Wundertaten immer wieder verwendet wird, wird stets sowohl auf die heilende Kraft von Jesu Wundertaten wie auch auf die endzeitliche Rettung bezogen.

Während in der messianischen Erwartung des zeitgenössischen Judentums zwar für die messianische Endzeit wunderbares Geschehen erhofft wird, ist diese Erwartung nicht in hervorgehobener Weise an die Erscheinung des Messias gebunden. Er wird als der Gesalbte Gottes auftreten, aber von heilenden Wundertaten ist dabei nicht die Rede.[13] Die endzeitliche Erwartung der Christenheit hingegen bekennt den gekreuzigten und auferstandenen Christus als den Davidssohn und Menschensohn, als den Kyrios und Gottessohn, der die Nähe der alles verwandelnden Gottesherrschaft proklamiert. Die messianischen Titel gewinnen dadurch einen neuen Klang. Was einst die Väter erhofften, das wird nun Wirklichkeit, so dass der rettende Glaube, der Jesu Verkündigung und seinem Heilandswirken antwortet, Heil und Rettung erfahren lässt.

In der urchristlichen Sprüchüberlieferung ist von einer Anfrage die Rede, die der im Gefängnis gebundene Johannes der Täufer durch Boten an Jesus ausrichten lässt. Ist er der, der als der kommende Retter erwartet wird, oder gilt es, auf einen anderen zu warten? (Mt 11,3 par. Lk 7,19) Auf diese Frage lässt Jesus die Antwort geben, die die endzeitliche Botschaft schlüssig zusammenfasst. Die Boten, die zu Johannes zurückkehren, sollen sich umsehen und berichten: „Blinde sehen und Lahme gehen, Aussätzige werden rein und Taube hören, Tote stehen auf, und Armen wird das Evangelium gepredigt.“ (Mt 11,5 par. Lk 7,22)

In dieser Aufzählung werden die rettenden Taten Jesu, die von ihm gewirkten Heilungswunder in knappen und einprägsamen Worten zusammengefasst. Dabei fällt auf, dass von sog. Naturwundern nicht gesprochen wird. Man mag daran ablesen, dass diese noch nicht mit Jesu Wirken in Verbindung gebracht sind, sondern erst in der späteren frühchristlichen Verkündigung ausgebildet wurden. Die Antwort, die Jesus dem Johannes zukommen lässt, richtet die Aufmerksamkeit ganz auf Jesu erbarmendes und helfendes Wirken. Am Ende aber wird betont, was das Wichtigste ist: „Armen wird das Evangelium gepredigt.“ Das sind die Armen, von denen die ersten Seligpreisung spricht: „Selig sind, die da geistlich arm sind; denn ihrer ist das Himmelreich.“ (Mt 5,3 par. Lk 6,20) Wer Jesus bittende Hände entgegenstreckt, dem werden sie von ihm gefüllt.

In diesen Worten wird auf prophetische Verheißungen des Alten Testaments angespielt: „Dann werden die Augen der Blinden aufgetan und die Ohren der Tauben geöffnet werden. Dann werden die Lahmen springen wie ein Hirsch, und die Zunge der Stummen wird frohlocken. Denn es werden Wasser in der Wüste hervorbrechen und Ströme im dürren Lande.“ (Jes 35,5f.) Rettende Botschaft wird den Elenden gebracht werden, „die zerbrochenen Herzen zu verbinden, zu verkündigen den Gefangenen die Freiheit, den Gebundenen, daß sie frei und ledig sein sollen, zu verkündigen ein gnädiges Jahr des Herrn“. (Jes 61,1f.) Was einst verheißen wurde und worauf die Väter im Vertrauen auf diese Zusagen gehofft haben, das ist nun erfüllt und vor aller Augen sichtbar in Erscheinung getreten. Darum darf man sagen: „Es gehört zu den sichersten historischen Erkenntnissen über Jesus, daß er seine exorzistischen (und wohl auch heilende) Wundertätigkeit als Ereignis der Gottesherrschaft im Jetzt verstand.“[14] „Im Worte und nicht anders bringt Jesus die Vergebung. Ob sein Wort Wahrheit ist, ob er von Gott gesandt ist, – das ist die Entscheidung, in die der Hörer gestellt wird; und es bleibt bei Jesu Wort: ‚Heil dem, der nicht Anstoß nimmt an mir!‘“ (Mt 11,6 par. Lk 7,23)[15]

Anmerkungen

1 Die Wendung „durch Gottes Finger" ist biblischer Ausdruck, wie er Ex 8,15 vorgegeben ist.

2 Vgl. M. Wolter, Das Lukasevangelium, Tübingen 2008, 419.

3 Vgl. A. Oepke, ThWB III, 213: „Im allgemeinen werden die außerchristlichen Wunder um ihrer selbst willen erzählt." Die Berichte über Jesu Wundertaten unterscheiden sich dadurch von ihrer Umwelt, „daß im Mittelpunkte jedes einzelnen Wunderberichts der Evangelien eben die Person Jesu steht". (ebd., 212)

4 Vgl. G. Friedrich, ThWB III, 713.

5 Vgl. Friedrich, a. a. O., 714.

6 Vgl. Oepke, ThWB III, 208; vgl. auch o. S. 19.

7 Vgl. Oepke, a. a. O., 210.

8 Vgl. o. den Abschnitt über „Wunder und Glaube", S. 42–60.

9 Vgl. E. Käsemann, Zum Thema der Nichtobjektivierbarkeit, in: Exegetische Versuche und Besinnungen I, Göttingen 1960 (= [5]1967), 224–236.228.

10 Vgl. H. Weder, Wunder Jesu und Wundererzählungen, VuF 29 (1984), 30: „Jedenfalls macht das eschatologische Wunderverständnis Jesu deutlich, daß die Wundertaten in den Zusammenhang seines ganzen Wirkens gehören."

11 Vgl. Käsemann, a. a. O., 228.

12 Vgl. G. Theißen, Urchristliche Wundergeschichten, Gütersloh 1974 ([6]1990), 277.

13 Vgl. o. Kap. 4: „Der Sohn Davids als Helfer und Retter".

14 Vgl. Weder, a. a. O., 29 und Käsemann, RGG[3] VI, 1835: „Trotz stärkster legendarischer Übermalung sind zahlreiche Wundererfahrungen der Urchristenheit unbestreitbar." Siehe auch Jeremias, NT Theologie I[3], 95: Die Heilungswunder Jesu „beziehen sich überwiegend auf sog. psychogene Leiden, denen Jesus sein rettendes Wort entgegenstellt".

15 Vgl. R. Bultmann, Jesus, Tübingen 1951, 182.

12 Die Wundertaten Jesu in der Auslegung der Evangelisten

Die Evangelisten haben die Erzählungen von Jesu Wundertaten aus der ihnen vorgegebenen Überlieferung übernommen und aufgezeichnet.[1] Doch sie sind dabei nicht lediglich als Tradenten tätig gewesen, sondern haben der Überlieferung eigene Akzente verliehen und durch die Einleitungen zu den einzelnen Perikopen, aber auch durch die Schlussbemerkungen angezeigt, wie sie die verschiedenen Berichte verstanden wissen wollten. Insbesondere haben sie an wichtigen Stellen ihrer Texte durch zusammenfassende Würdigung deutlich gemacht, was die Wundergeschichten dem Glauben an Jesus als den Christus zu sagen haben.

12.1 *Summarien*, die Jesu Wirken durch seine Wundertaten zusammenfassend beschreiben, hat zuerst der *Evangelist Markus* formuliert und als grundsätzliche Würdigungen jeweils an den Abschluss längerer Zusammenhänge gestellt. Schon im ersten Kapitel nimmt der Evangelist einzelne Wundertraditionen auf und fügt ein Summarium hinzu, das einzelne Wundertaten generalisiert und in ihrer grundlegenden Bedeutung hervorhebt. Nachdem in kurzen, nüchternen Worten von der Heilung der kranken Schwiegermutter des Petrus Bericht gegeben ist, fährt der Evangelist fort mit einer zusammenfassenden Charakterisierung des Wirkens Jesu: man habe am Abend dieses Tages „alle Kranken und Besessenen" zu Jesus gebracht (Mk 1,32). Daraufhin „half er vielen Kranken, die mit mancherlei Gebrechen beladen waren, und trieb viele böse Geister aus und ließ die Geister nicht reden: denn sie kannten ihn." (V. 34) Mit dieser verallgemeinernden Zusammenfassung legt der Evangelist den Nachdruck darauf, dass Jesus als helfender Retter gewürdigt wird, ohne ihn in den Verdacht geraten zu lassen, als habe er als Magier oder Zauberer gewirkt. Wenige Verse später fügt der Evangelist noch einmal an, Jesus sei gekommen, „und er predigte in ihren Synagogen in ganz Galiläa und trieb die bösen Geister aus". (V. 39)[2]

Damit wird erneut auf die Austreibungen von Dämonen der Ton gelegt. Diese Wertung nimmt der *Evangelist Matthäus* auf, indem er in Anlehnung an den Markustext sagt: „Und Jesus zog umher in ganz Galiläa, lehrte in ihren Synagogen und predigte das Evanelium vom Reich (Gottes) und heilte alle Krankheiten und Gebrechen im Volk." (Mt 4,23)

Die Wirkung von Jesu Handeln in Wort und Tat reichte weit; denn „die Kunde von ihm erscholl durch ganz Syrien". (V. 24) „Und sie brachten alle Kranken mit mancherlei Leiden und Plagen behaftet, Besessene, Mondsüchtige und Gelähmte. Und er machte sie gesund." (V. 24) Auch hier wird hervorgehoben, dass Jesu rettendes Handeln der Heilung von Krankheiten und dem Austreiben von Dämonen galt. Von sog. Naturwundern wird nichts verlautet. In Erweiterung der Markusvorlage heißt es dann noch einmal: „Am Abend aber brachten sie viele Besessene zu ihm, und er trieb die Geister aus durch sein Wort und machte alle Kranken gesund." (Mt 8,16) Matthäus betont in diesem Satz, dass Jesus nicht durch irgendeine Zauberformel die Heilung bewirkt, sondern „durch sein Wort".

Der Evangelist Matthäus hebt nicht nur diese Zusammengehörigkeit von Wort und Tat Jesu hervor, sondern fügt ausdrücklich hinzu, dass Jesu Wundertaten durch die Botschaft der Schrift bestimmt sind. Der Gottesknecht lud die schwere Last auf seine Schultern, nahm sie gebeugten Menschen ab und schaffte sie fort.

Der *Evangelist Lukas* drückt sich kürzer aus und hält sich im Wesentlichen an die Markusvorlage: „Und als die Sonne untergegangen war, brachten sie alle ihre Kranken mit mancherlei Leiden zu ihm. Und er legte die Hände auf einen jeden und machte sie gesund." (Lk 4,40) Mit der Nennung der Handauflegung geht der Evangelist Lukas über die Markusvorlage hinaus und hebt den Vorgang der Heilung deutlich heraus. Den Krankenheilungen stellt dann der Evangelist die Austreibung von Dämonen an die Seite. „Von vielen fuhren auch die bösen Geister aus. Und er bedrohte sie und ließ sie nicht reden; denn sie wussten, dass er der Christus war." (V. 41) Die Dämonen verfügen über Wissen, das über die Fähigkeiten von Menschen hinausgeht. Indem sie ausrufen, Jesus sei der Christus, unternehmen sie den vergeblichen Versuch, ihn abzuwehren. Denn Jesu Vollmacht ist größer und behält den Sieg.

Im dritten Kapitel fasst der Evangelist Markus noch einmal die mancherlei Wundertaten Jesu zum Summarium zusammen: Jesus ist von einer großen Menge umgeben und betritt ein Boot, „damit die Menge ihn nicht bedränge". (Mk 3,9) „Denn" – so fährt der Evangelist fort – „er heilte viele, so dass alle, die geplagt waren, über ihn herfielen, um ihn anzurühren. Und wenn ihn die unreinen Geister sahen, fielen sie vor ihm nieder und schrien: Du bist Gottes Sohn. Und er gebot ihnen, dass sie ihn nicht offenbar machten." (V. 10–12) Mit dem Befehl, ihn nicht offenbar zu machen, sucht Jesus bloßen Wunderglauben einzuschränken, so dass die Wundertaten „geheime Epiphanien" (*M. Dibelius*) bleiben sollen.[3]

Die Evangelisten Matthäus und Lukas nehmen den ihnen vorgegebenen Faden des Markusevangeliums auf, Matthäus erwähnt gleichfalls, dass eine große Menge ihm folgte; „und er heilte sie alle". (Mt 12,15) Wie bei Markus spricht Jesus ein Schweigegebot aus, dessen Begründung ausdrücklich auf die Schrift bezogen ist: „Siehe, das ist mein Knecht, den ich erwählt habe, und mein Gesandter, an dem meine Seele Wohlgefallen hat. Ich will meinen Geist auf ihn legen. Und er soll den Heiden das Recht verkündigen. Er wird nicht streiten und schreien, und man wird seine Stimme nicht hören auf den Gassen; das geknickte Rohr wird er nicht zerbrechen und den glimmenden Docht wird er nicht auslöschen, bis er das Recht hinausführt zum Sieg. Und die Heiden werden auf seinen Namen hoffen." (Jes 42,1–4; Mt 12,18–21) Mit dem Rückgriff auf prophetische Verheißungen zeigt der Evangelist Matthäus, dass Wort und Tat im Wirken Jesu nach den Weisungen der Schrift fest zusammengehören.

Wiederum drückt der Evangelist Lukas sich kürzer aus und sagt: dass die vielen Leute zu Jesus gekommen waren, um „ihn zu hören und von ihren Krankheiten geheilt zu werden; und die von unreinen Geistern umgetrieben waren, wurden gesund. Und alles Volk suchte ihn anzurühren; denn es ging Kraft von ihm aus, und er heilte sie alle." (Lk 6,18f.) Auch bei Lukas ist von Krankenheilungen und Austreibungen von Dämonen die Rede und wird die besondere Vollmacht Jesu dadurch charakterisiert, dass von ihm heilende Kraft ausging, die bei Berührung auf die Kranken übergeht und sie heilt. Jesu Wirken greift weit aus: „denn er heilte sie alle".

Noch ein drittes Mal generalisiert der Evangelist Markus Jesu Wundertaten, indem er am Ende des sechsten Kapitels sagt: Jesus und seine Jünger waren am Ufer des Sees Gennesaret und eine große Menge umgab sie. Sie „fingen an, die Kranken auf Bahren überall dorthin zu tragen, wo sie hörten, dass er war. Und wo er in Dörfer, Städte und Höfe hineinging, da legten sie die Kranken auf den Markt und baten ihn, dass diese auch nur den Saum seines Gewandes berühren dürften; und alle, die ihn berührten, wurden gesund." (Mk 6,56f.)

Während der Evangelist Lukas diese Sätze fortlässt, heißt es bei Matthäus im nahen Anschluss an die Markusvorlage: Jesus und seine Jünger „kamen ans Land in Gennesaret. Und als die Leute an diesem Ort ihn erkannten, schickten sie Botschaft in das ganze Land und brachten alle Kranken zu ihm und baten ihn, dass sie nur den Saum seines Gewandes berühren dürften. Und alle, die ihn berührten, wurden gesund." (Mt 14,34–36)

Über die Markusvorlage hinausgehend, fügt der Evangelist Matthäus verschiedentlich in den vorgegebenen Markustext eine zusammenfassende Bemerkung über die Wundertaten Jesu ein.[4] So heißt es in der Geschichte von der Speisung der Fünftausend: „Und Jesus stieg aus und sah die große Menge; und sie jammerten ihn, und er heilte ihre Kranken." (Mt 14,14) Der Evangelist Lukas hingegen bleibt näher an dem ihm vorliegenden Erzählfaden des Markusevangeliums, fügt aber auch einen Hinweis auf Jesu gesamtes Wirken hinzu: Jesus „sprach zu ihnen vom Reich Gottes und machte gesund, die der Heilung bedurften". (Lk 9,11)

Den langen Zusammenhang aufeinander folgender Wundertaten in den Kapiteln 8 und 9 beendet der Evangelist Matthäus mit einer summarischen Zusammenfassung: „Und Jesus ging ringsum in die Städte und Dörfer und lehrte in ihren Synagogen und predigte das Evangelium vom Reich und heilte alle Krankheiten und Gebrechen." (Mt 9,35) Damit wird die Barmherzigkeit des Retters betont: „Und als er das Volk sah, jammerte es ihn; denn sie waren wie die Schafe, die keinen Hirten haben." (V. 36)

Mk 7,31–37 wird von der Heilung eines Taubstummen berichtet. Auch hier benutzt der Evangelist Matthäus die Gelegenheit, einen Zusatz einzufügen: Jesus ist von einer großen Menge umgeben, „die hatten bei sich Gelähmte, Verkrüppelte, Blinde, Stumme und viele andere Kranke und legten sie Jesus vor die Füße, und er heilte sie, so dass sich das Volk verwunderte, als sie sahen, dass die Stummen redeten, die Verkrüppelten gesund waren und die Gelähmten gingen, die Blinden sahen, und sie priesen den Gott Israels". (Mt 15,30f.)

Während Jesus es ablehnt, sich durch geforderte Wunder als rechten Gesandten zu legitimieren (Mk 8,11f. Par.), ist er stets bereit, die flehenden Bitten kranker und leidender Menschen zu erhören und ihnen helfend beizustehen. Mit vollem Recht haben daher die Evangelisten in den Summarien, die sie als Zusammenfassungen von Jesu Wundertaten formulieren, verallgemeinernd gesagt: „Und er heilte sie alle. Er hat alles wohl gemacht, die Tauben macht er hörend und die Sprachlosen redend." (Mk 7,37) Im Mittelpunkt aller Wundergeschichten steht die Gestalt Jesu, der als Sohn Davids und als Sohn Gottes dem verbreiteten Elend der Menschen entgegentritt und den nahenden Anbruch der Heilszeit sichtbar aufweist.[5]

12.2 *Redaktionsgeschichtliche Interpretation* der Evangelien richtet die Aufmerksamkeit auf die Frage, wie der jeweilige Evangelist die von ihm aus der mündlichen Überlieferung aufgenommenen Traditionen verstanden hat, d. h. welche Botschaft er ausrichten will. Dabei kann durch die jeweils vorgenommene Anordnung und Folge der Abschnitte diesen ein neuer Akzent verliehen werden. Durch die Rahmung in Einleitung und Schluss des jeweiligen Abschnitts kann eine bestimmte bisweilen pointierte Bedeutung betont werden.[6] Unter diesen Gesichtspunkten sind die Summarien, wie sie hier gewürdigt wurden, zu betrachten.

Der *Evangelist Markus* hat als erster verschiedene Überlieferungen, die von Wundertaten Jesu berichten, zusammengefügt und sie mit der Tradition von Jesu Leiden, Sterben und Auferstehung zu einem „Evangelium" verbunden.[7] Ob er sich dabei hier oder dort eines Stückes schriftlich festgehaltener Tradition hat bedienen können, ist nicht mehr auszumachen und darf eher als unwahrscheinlich gelten.[8] Doch ist deutlich zu erkennen, wie der Evangelist disponiert hat. Die Wunderberichte finden sich nahezu ausschließlich im ersten Teil des Evangeliums in den Kapiteln 1–8. In der Passionsgeschichte fehlen hingegen Wundererzählungen – abgesehen von der Verfluchung des Feigenbaums.[9]

In den Wundererzählungen des ersten Teils des Markusevangeliums ist immer wieder von einem Schweigegebot Jesu die Rede. Jesus spricht diese Weisung aus, weil allein aus den Heilungen und Austreibungen der Dämonen Jesu Gottessohnschaft nicht richtig verstanden werden kann. Das – bisweilen erfolglose – Schweigegebot verliert erst dann seine Bedeutung, als der leidende Jesus sich öffentlich als Menschensohn bekennt. (Mk 14,62) Das aber bedeutet: Die Wundertaten weisen miteinander auf Jesu Passion hin. Durch diese feste Verbindung sind die Wundergeschichten grundsätzlich von allen vergleichbaren Berichten über „Zeichen und Wunder" – innerhalb wie auch außerhalb der frühen Christenheit – unterschieden. Die Vollmacht des Menschensohns ist für den Evangelisten Markus die Vollmacht dessen, der zum Kreuz geht.[10]

Die wiederholt ausgesprochenen Schweigegebote setzen der Beurteilung von Jesu Wundertaten eine feste Begrenzung. Wie das Messiasgeheimnis die Aussagen über Jesus als den Christus auf das urchristliche Kerygma bezieht, so dienen die Schweigegebote demselben Verständnis der Wirksamkeit Jesu.[11] Vor Ostern und ohne die Passion gibt es kein angemessenes Verständnis von Jesu Person und Werk. „Nicht aufgrund der einzelnen Taten des Irdischen, sondern erst aufgrund von Kreuz und Auferstehung ist Jesu Würde als Gottessohn voll aussagbar."[12]

Dem Evangelisten ist die Botschaft wichtig, dass „in den Heilungen Jesu schon ein Stück neue Welt ohne Leid zeichenhaft verwirklicht" ist.[13] Erst von Karfreitag und Ostern her „erschließt sich der Sinn" der Wundertaten Jesu „in ihrer eigentlichen Tragweite".[14]

12.3 Dieses im Markusevangelium entfaltete Verständnis der Wundertaten Jesu hat den *Evangelisten Matthäus und Lukas* vorgelegen: dass „die Wunder Jesu Teil seiner Verkündigung vom Reich Gottes sind und den Anbruch der Gottesherrschaft demonstrieren".[15] Die beiden Evangelisten haben einerseits sich an die Markusvorlage gehalten, andererseits aber ihr eigenes Verständnis in ihrer Darstellung der Wundertaten Jesu zum Ausdruck gebracht.

So werden von den Evangelisten „bei den Wundern Jesu unterschiedliche Züge hervorgehoben“.[16]

Der *Evangelist Lukas* übernimmt weithin die Wundergeschichten, die ihm im Markusevangelium vorlagen, fügt jedoch aus seinem Sondergut weitere Wundererzählungen hinzu. Wie Markus – und auch Matthäus – hält er die Passionsgeschichte frei von Wundererzählungen. Doch übernimmt er nicht die bei Markus vorgegebene Geheimnistheorie. Die Wundergeschichten stehen in den beiden großen Abschnitten vom Wirken Jesu in Galiläa (3,1–9,50) und von der Reise nach Jerusalem (9,51–18,14). Jesu Wirksamkeit, die er in Wort und Tat, d. h. den πράγματα *pragmata* (Lk 1,1), ausrichtet, geschieht in aller Öffentlichkeit, so dass sie jedermann wahrnehmen kann.[17]

Programmatische Bedeutung kommt nach Lukas der sog. Antrittspredigt in Nazaret zu.[18] Jesus tritt in der Synagoge von Nazaret auf. Im Gottesdienst liest er die Worte der Verheißung aus dem Jesajabuch: „Der Geist des Herrn ist auf mir, weil er mich gesalbt hat, zu verkündigen das Evangelium den Armen; er hat mich gesandt, zu predigen den Gefangenen, dass sie frei sein sollen, und den Blinden, dass sie sehen sollen, und den Zerschlagenen, dass sie frei und ledig sein sollen, zu verkündigen das Gnadenjahr des Herrn.“ (Jes 61,1f. = Lk 4,18f.)

Die Predigt über diesen Text besteht aus einem einzigen kurzen Satz: „Heute ist diese Schrift erfüllt vor euren Ohren.“ Mit diesem Schriftwort wird im Lukasevangelium der Auftrag beschrieben, dem Jesus zu dienen hat. Proklamation des Evangeliums und helfende Zuwendung zu Kranken und Armen gehören demnach zusammen, so dass Jesus sowohl in seiner Verkündigung wie auch in seinen Wundertaten als der von Gott gesandte Heilbringer offenbar wird: „vor euren Ohren“. Wird diese Kundgabe der Sendung Jesu abgewiesen, dann gehen die Menschen ihres Heils verlustig. Wird sie aber angenommen, da wird begriffen, dass in Jesu Heilandswirken die künftige Gottesherrschaft anhebt. „Mit Hilfe der Wundererzählungen erläutert“ der Evangelist „den fürsorglichen Charakter der Königsherrschaft Gottes, die sich in ihnen zeichenhaft realisiert.“[19]

Auch Lukas verallgemeinert die einzelnen Wundertaten Jesu in

Summarien zur Beschreibung des gesamten Wirkens Jesu.[20] Nach der Erweckung des soeben verstorbenen Jünglings zu Nain reagieren die anwesenden Zeugen in betroffenem Erschrecken: „Und Furcht ergriff sie alle, und sie priesen Gott und sprachen. Es ist ein großer Prophet unter uns aufgestanden, und Gott hat sein Volk besucht. Und diese Kunde von ihm erscholl in ganz Judäa und im ganzen umliegenden Land." (Lk 7,16f.) „Und sie entsetzten sich alle über die Herrlichkeit Gottes" – so berichtet der Evangelist im Folgenden (Lk 9,43). Doch mit diesem Entsetzen ist Freude auf das engste verbunden: „Und alles Volk freute sich über die herrlichen Taten, die durch ihn geschahen." (Lk 13,17)

Die Wundertaten Jesu erweisen die ihm eigene Vollmacht.[21] Daher kann Jesus die Abgesandten Johannes des Täufers auf seine helfenden Taten hinweisen. Denn „zu der Stunde machte Jesus viele gesund von Krankheiten und Plagen und bösen Geistern, und vielen Blinden schenkte er das Augenlicht." (Lk 7,21) Der Evangelist versteht daher die Taten Jesu als „Indiz der Heilszeit, die mit Christus ‚erschienen' ist".[22] Deshalb haben die Geschichten von Jesu Wundertaten für Lukas „ihren Wert nur im Zusammenhang mit der Verkündigung des Evangeliums von der Gottesherrschaft".[23] Hat Lukas im Prolog seines Evangeliums den Lesern versichert, er habe alles – nämlich „die Geschichten, die unter uns geschehen sind" (Lk 1,1) – „von Anfang an sorgfältig erkundet" (V. 3), so können sie darauf setzen, dass die Geschichten von Wort und Tat Jesu eine verlässliche Botschaft vermitteln, damit sie sicheren Grund der Lehre erfahren, in der sie unterrichtet wurden (V. 4).

12.4 Der *Evangelist Matthäus*[24] hat sowohl die Markusvorlage wie auch das Spruchgut und Sonderüberlieferungen als Zeugnis von Jesu Wundertaten in sein Evangelium aufgenommen. Anders als Markus – und auch Lukas – hat er in den Kapiteln 8 und 9 eine lange Folge von Wundergeschichten zusammengefügt, um dem Messias des Wortes, wie er in der Bergpredigt zu Wort kommt (Mt 5–7), den Messias der Tat (Kap. 8–9) an die Seite zu stellen. Die beiden Zusammenhänge interpretieren sich gegenseitig und wollen daher in ihrer Zusammengehörigkeit verstanden werden.

Matthäus hat manche Vorgaben des Markusevangeliums gekürzt, um durch die Straffung sowohl die von den Kranken ausgesprochene Bitte wie auch die Antwort Jesu hervorzuheben und der jeweiligen Perikope den Charakter eines Gespräches zu geben, das zur Nachfolge Jesu führt.[25] Das Gespräch ist dabei auf den „Gebetsglauben" ausgerichtet, der in der Begegnung mit dem barmherzigen Jesus Erhörung und Heilung findet. Damit stellt Matthäus die einzelnen Geschichten „in den Dienst der Unterweisung über das Wesen und die Verheißung des bittenden Glaubens, eine Unterweisung, die die Kirche in der Gefahr des Kleinglaubens und des Zweifels ebenso nötig hatte wie das Zeugnis von der wunderbaren Macht ihres Herrn".[26] So betont der Evangelist in der Geschichte vom Hauptmann von Kapernaum die deutliche Entsprechung „zwischen der Bitte des Hauptmanns (Mt 8,8) und ihrer Erhörung durch Jesus (Mt 8,13)".[27] Während der Hauptmann aufgrund seiner soldatischen Erfahrungen hofft, dass Jesus ein klärendes Machtwort sprechen möge, gibt Jesus ein Wort vom Glauben zur Antwort, „auf das hin allerdings das Wunder eintritt". Wird in den Wundererzählungen die Anrede Jesu als Kyrios verwendet, so wird damit angezeigt, dass die hörende und angeredete Gemeinde einen Herrn hat, dem sie zu glaubendem Gehorsam verpflichtet ist.

Der lange Zusammenhang von Jesu Worten und seinen Taten (Mt 5–7.8–9) wird durch eine gleichlautende Einleitung und einen entsprechenden Abschluss eingerahmt: „Und Jesus zog umher in ganz Galiläa, lehrte in ihren Synagogen und predigte das Evangelium vom Reich und heilte alle Krankheiten und die Gebrechen im Volk. Und die Kunde von ihm erscholl durch ganz Syrien. Und sie brachten zu ihm alle Kranken, mit mancherlei Leiden und Plagen behaftet, Besessene, Mondsüchtige und Gelähmte, und er machte sie gesund. Und es folgte ihm eine große Menge aus Galiläa, aus den zehn Städten, aus Jerusalem, aus Judäa und jenseits des Jordan." (Mt 4,23–25) Am Ende des Zyklus von Wundergeschichten wird der den ganzen Zusammenhang einleitende Satz wieder aufgenommen und hinzugefügt: „Und als er das Volk sah, jammerte es ihn; denn sie waren wie die Schafe, die keinen Hirten haben." (Mt 9,36) Wer Ohren hat zu hören, der wird begreifen, dass Jesus der gute Hirte ist, der sich der Seinen heilend und rettend annimmt.

Charakteristisch für den Evangelisten Matthäus ist der ständige

Rückgriff auf die heiligen Schriften des Alten Testaments, deren Verheißungen in Jesu Verkündigung und Wirken in Erfüllung gegangen sind. So wird an die Geschichte von der Berufung des Matthäus der Satz aus dem Propheten Hosea angefügt: „Ich habe Wohlgefallen an Barmherzigkeit und nicht an Opfer." (Hos 6,6 = Mt 9,13; vgl. auch Mt 12,7) Das bedeutet, dass der Gott, wie Jesus ihn verkündet, nicht auf kultische Handlungen seinen Blick wirft, sondern auf Barmherzigkeit und in deren Geist verrichtete Taten. Damit wird der heilende und helfende Kyrios als der barmherzige charakterisiert, der sich der Elenden und Kranken annimmt.

In den Summarien, mit denen der Evangelist Matthäus die Wundertaten in ihrer ganzen Breite zusammenfasst, weist er auf die Verheißungen aus dem Jesajabuch hin und bezeichnet Jesus als den Gottesknecht, der Leiden und Krankheiten hilfsbedürftiger Menschen auf sich lud und damit forttrug. So erwies Jesus sich als der Davidssohn und Gottesknecht, wie ihn die heiligen Schriften der Propheten angekündigt haben (Mt 8,17; Jes 53,4).

Anmerkungen

1 Ungewiss bleibt, ob es auch – wie möglicherweise für das Johannesevangelium mit einer „Zeichenquelle" – einzelne, schon schriftlich aufgezeichnete Zusammenfassungen verschiedener Wundertaten gegeben hat. Vgl. H. W. Kuhn, Ältere Sammlungen im Markusevangelium, StUNT 8, Göttingen 1970.

2 Vgl. die zusammenfassenden Anmerkungen bei J. Jeremias, NT Theologie I, [3]1979, 90 Anm. 7.

3 Vgl. M. Dibelius, Die Formgeschichte des Evangeliums, Tübingen [3]1959, 232: „So wird Markus als ein ‚Buch der geheimen Epiphanien' geschrieben."

4 Vgl. Jeremias, a. a. O., 90 Anm. 7.

5 Vgl. Theißen, Wundergeschichten, 1974, 273.

6 Vgl. P. Pokorný / U. Heckel, Einleitung in das Neue Testament, Tübingen 2007, 383–395.388: „So wird in den Heilungen Jesu schon ein Stück neue Welt ohne Leid zeichenhaft konkret verwirklicht."

7 Vgl. die konzentrierte Übersicht bei Pokorný/Heckel, a. a. O., 390–395.

8 Vgl. o. S. 119 Anm. 1 und E. Lohse, Christuskerygma und Verkündigung Jesu

im Markusevangelium, ZNW 101 (2010), 204–222; Ders., Vom einen Evangelium zu den vier Evangelien. Zu den Anfängen urchristlicher Literatur, in: Studien zu Geschichte, Theologie und Wissenschaftsgeschichte, hg. von der Akademie der Wissenschaften zu Göttingen, Göttingen 2012, 53–76.

9 Vgl. o. S. 107f.

10 Vgl. D. A. Koch, Die Bedeutung der Wundergeschichten für die Christologie des Markusevangeliums, BZNW 42, Berlin 1973, 183 sowie M. E. Glaswell, The Use of Miracles in the Markan Gospel, in: C. F. D. Moule (Hg.), Miracles, London 1965, 148–162 und K. Kertelge, Die Wunder Jesu im Markusevangelium, StANT 29, München 1970.

11 Vgl. U. Luz, Das Geheimnismotiv und die markinische Christologie, ZNW 56 (1965), 8–30.15.

12 Vgl. Koch, a. a. O., 186 und 192.

13 Vgl. Pokorný/Heckel, a. a. O., 388.

14 Vgl. ebd., 389.

15 Vgl. ebd., 395.

16 Vgl. ebd., 390.

17 Zur Bewertung der Wundertaten Jesu durch den Evangelisten Lukas vgl. U. Busse, Die Wunder des Propheten Jesus. Die Rezeption, Komposition und Interpretation der Wundertradition im Evangelium des Lukas, FzB 24, Stuttgart 1977 sowie H. Conzelmann, Die Mitte der Zeit. Studien zur Theologie des Lukas, BHTh 17, Tübingen 1954 ([6]1977), 165–167; ferner E. Lohse, Lukas als Theologe der Heilsgeschichte, in: Die Einheit des Neuen Testaments. Exegetische Studien zur Theologie des Neuen Testaments, Göttingen 1973, 145–164 und Pokorný/Heckel, a. a. O., 392.

18 U. Busse, a. a. O., 478 betont, dass die lukanischen Wundererzählungen von der Verkündigung Jesu umschlossen sind und daher in der festen Verbindung mit der Verkündigung von der Gottesherrschaft zu verstehen sind.

19 Vgl. Busse, a. a. O., 479.

20 Vgl. Conzelmann, a. a. O., 165.

21 Vgl. Conzelmann, a. a. O., 166.

22 Vgl. Conzelmann, a. a. O., 167.

23 Vgl. Busse, a. a. O., 478.

24 Vgl. die gründliche und inhaltsreiche Darstellung durch H. J. Held, Matthäus als Interpret der Wundergeschichten, in: G. Bornkamm (Hg.), Überlieferung und Auslegung im Matthäusevangelium, WMANT 1, Neukirchen 1960 ([2]1971), 155–287; sowie Pokorný/Heckel, a. a. O., 392.

25 Vgl. Held, a. a. O.,272.284.

26 Vgl. Held, a. a. O., 284.

27 Vgl. Held, a. a. O., 273.

13 Die Wundertaten Jesu in Predigt und Lehre der Kirche

13.1 Im Rückblick auf die verschiedenen Berichte von Wundertaten Jesu will abschließend die Frage bedacht sein, was die Erzählungen von Jesu Wirksamkeit für *Predigt und Lehre der Kirche* zu sagen haben – damals wie heute. Zur Antwort ist zunächst festzustellen, dass kein begründeter Einwand gegen den zusammenfassenden Satz bestehen kann: „Zweifellos hat Jesu Wunder getan und Dämonen ausgetrieben."[1] Es trifft die Feststellung zu: „Daß die neutestamentliche Wunderüberlieferung einfach aus der Luft gegriffen oder durch das allgemeine Milieu bedingt wäre, wagt heute kein ernsthaft arbeitender Historiker zu behaupten."[2] Diesem Urteil stimmt gelehrte Forschung durchweg zu. Denn „zuverlässigste Tradition bezeugt Jesu Heilgabe".[3] Auf diesen festen „Überlieferungskern"[4] kann kritische Untersuchung der Wundergeschichten zurückschließen. Dieses Urteil steht fest, obwohl auf der anderen Seite auch gilt: „Trotz stärkster legendarischer Übermalung sind zahlreiche Wundererfahrungen der Urchristenheit unbestreitbar."[5]

Es ist nicht zu bezweifeln, dass Jesus Heilungen vollbrachte. Denn der Eindruck seiner Vollmacht klingt überall nach.[6] Die Reihe der Exegeten, die übereinstimmend ein positives Urteil abgeben, ließe sich beträchtlich verlängern, ohne dass die Beurteilung grundsätzlich anders lauten würde. „Es ist darum nicht möglich, in dem historischen Jesus nur einen Lehrer zu sehen, die gesamte Wundertradition aber für unhistorisch zu halten."[7]

„Die neutestamentlichen Wundergeschichten geben diese historischen Ereignisse jedoch in einer gesteigerten Gestalt wieder."[8] „Mehr als andere Gattungen spiegeln die neutestamentlichen Wundererzählungen den komplizierten Weg von der mündlichen Tradition bis zur Redaktion."[9] Die Interpretation der einzelnen Wundergeschichten hat Abschnitt für Abschnitt diesen Gang der Überlieferung bis hin zur schriftlichen Aufzeichnung durch die Evangelisten so weit wie irgend möglich freizulegen. Am Ende steht das Urteil fest: Die Wundererzählungen der Evangelien haben eindeutig *Anhalt am historischen Jesus.*

13.2 Für die Auslegung der einzelnen Berichte über Wundertaten Jesu ist ein kritischer Vergleich mit *Wundergeschichten* aufschlussreich, wie sie außerhalb der neutestamentlichen Berichte in der *damaligen Umwelt* erzählt wurden. Dabei zeigt sich auf der einen Seite, dass sich viele Züge und Einzelheiten der Darstellung hier wie dort sehr oft ähnlich sehen. Doch Jesu Wundertaten unterscheiden sich von zeitgenössischen Vergleichstexten in wesentlicher Hinsicht. Durch Jesu Wundertaten wird ein fester Zusammenhang zwischen den Wunderereignissen und der eschatologischen Verkündigung Jesu hergestellt.[10] Die einzelne Wundergeschichte ist mithin in einen übergreifenden Zusammenhang eingefügt, durch den sie ihren rechten Ort erhält und das Verständnis der einzelnen Texte erschlossen wird. Jesus hat sein Heilandswirken so verstanden, dass in seinem wunderhaften Handeln die Zeichen der anhebenden Gottesherrschaft erleuchten. Wird es in der endzeitlichen Vollendung weder Krankheit und Leiden noch Tod geben, so kündigt sich in Jesu Taten zeichenhaft das künftige Heil schon an. Die einzelne Wundergeschichte ist auf diesen übergreifenden Zusammenhang fest bezogen und gewinnt aus diesem jeweils ihren bestimmten Bezug. Denn Jesus hat die frohe Botschaft eben nicht nur im Wort der Predigt, sondern gleichermaßen in seinen Taten verkündigt. Diese Zusammengehörigkeit besagt, dass die Botschaft des Evangeliums nicht nur verstehende Annahme durch die Hörer, sondern ebenso deren Leiblichkeit und gesamte Existenz betrifft.[11] Denn Zeugnis und Verkündigung der Urchristenheit weisen auf, „dass in Jesus die göttliche Liebe auf den Plan getreten ist und sich als heilende und Leben schenkende Macht erwiesen hat".[12]

13.3 *Martin Luther* hat – wie hier angemerkt sei – in seinen Auslegungen biblischer Texte den festen Zusammenhang zwischen Wort und Tat deutlich hervorgehoben. Dabei hat er darauf hingewiesen, dass die Taten und die Predigt Jesu aufeinander bezogen sind und einander interpretieren. In seinen Vorreden zur Bibel macht er den Bibelleser darauf aufmerksam, er müsse das Evangelium hören, um recht zu verstehen, wie darin von den Wundertaten Jesu die Rede ist. „Denn ynn disen findistu nicht viel werck odder wunderthaten Christi beschrieben. Du findist aber gar meysterlich außgestrichen, wie der glawbe an Christum sund tod vnd helle vberwindet, vnd das leben, gerechtigkeyt vnnd seligkeyt gibt … Denn wo ich yhe der eyns mangelln sollt, der werck odder der predigt Christi, ßo wollt ich lieber der werck denn seyner predigt mangelln. Denn die werck hulffen myr nichts, aber seyne wort die geben das leben, wie er selbs sagt."[13] Die Wundertaten Christi „erhalten ihre Bedeutung erst durch die Zuordnung zum Wort des Evangeliums". Für Luther hat daher das Wunder „die Funktion, Träger der Evangeliumsverkündigung zu sein".[14]

13.4 Die Auslegung der Wundergeschichten hat nicht nur die feste Verankerung im Wirken des historischen Jesus, sondern auch den bestimmenden Charakter ihrer *Überlieferung und Verkündigung* aufzuweisen. Denn „sah Jesus in seinen Wundertaten die universale Wende Gegenwart werden, so sieht die Gemeinde jene universale Wende in Jesus selbst".[15] Damit werden die Wundererzählungen Zeugnis des Christusbekenntnisses, so dass in der Weitergabe der Wunderberichte der Glaube derer ins Wort kommt, die mit ihrem Leiden und Kummer vor Jesus traten. So erscheint Jesus „als machtvoller Überwinder von Krankheit und Not".[16] In der Verkündigung und Lehre von den Wundertaten Jesu will die Urchristenheit die Herrlichkeit und Vollmacht ihres Herrn zur Darstellung bringen.[17]

Predigt und Lehre der Kirche richten an die Hörer ihrer Botschaft die Aufforderung, ob sie diese *im Glauben annehmen.* Dabei lautet die Frage, die mit dieser Verkündigung ausgesprochen wird, nicht, ob man an Wunder zu glauben bereit ist. Über die zu erweisende Historizität einzelner Wundergeschichten kann man durchaus unterschiedlich urteilen – je danach, wo der einzelne steht und von welchen Voraussetzungen seine Hörbereitschaft bestimmt ist. Wundertaten geschehen – wie insbesondere der religionsgeschichtliche Vergleich gezeigt hat – auch vor und nach der Zeit Jesu. Die Anrede, die in der Weitergabe von Erzählungen von den Wundertaten Jesu laut wird, heißt vielmehr, ob aus Zuspruch und Anspruch des Evangeliums der Ruf zum Glauben an Jesus den Christus, den

Kyrios und Menschensohn, den Sohn Davids und den Gottessohn – vernommen und angenommen wird. Darum steht nach Überzeugung der frühen Christenheit „im Mittelpunkt der" Berichte über Jesu Wundertaten „nicht der Vollzug des Wunders, sondern Jesus, der den Ruf um Erbarmen hört und den Glauben" der ihn anrufenden Mühseligen und Beladenen annimmt.[18]

Von Jesu Wundertaten kann die christliche Gemeinde nur dann angemessen sprechen, wenn sie den Christus in seinem Heilandswirken als den auferstandenen und erhöhten Herrn bezeugt. Denn sie hat nicht nur von vergangenem Geschehen zu sprechen, das sich einst in der Wirksamkeit des historischen Jesus zugetragen hat. Sondern sie hat den gegenwärtigen Christus zu bezeugen. Das „Messiasbekenntnis der ersten Christenheit" schließt die Botschaft ein: Was Jesus einst „auf Erden tat, das tut er auch noch" … das bedeutet: „In den Taten und Worten Jesu bekundet sich die Gegenwart des Erhöhten".[19]

Gehören die Wundertaten Jesu „in den Zusammenhang seines gesamten Wirkens"[20], so werden *die Jünger des Herrn* in dieses Geschehen mit *einbezogen,* indem Jesus sie anweist, die Werke der Barmherzigkeit, die er verrichtet hat, fortzusetzen. Daher können die Evangelisten sagen, dass sie der Weisung ihres Herrn Folge geleistet haben, indem „sie auszogen und predigten und viele Kranke mit Öl salbten und sie gesund machten". (Mk 6,12f. par. Lk 9,6) Der auferstandene Christus erneuert die Weisung, die der irdische Herr gegeben hatte, und sagt: „Gehet hin in alle Welt und predigt das Evangelium aller Kreatur. Wer glaubt und getauft wird, der wird gerettet werden; wer aber nicht glaubt, der wird verdammt werden. Die Zeichen aber, die folgen werden denen, die da glauben, sind diese: In meinem Namen werden sie böse Geister austreiben, in neuen Zungen reden, Schlangen mit den Händen hochheben, und wenn sie etwas Tödliches trinken, wird's ihnen nicht schaden; auf Kranke werden sie die Hände legen, so wird's besser mit ihnen werden." (Mk 16,15–18)

Diesen Sätzen des sekundären Schlussteils des Markusevangeliums ist der letzte Abschnitt im Matthäusevangelium gegenüberzustellen. Legt er doch den Nachdruck ganz auf Predigt und Lehre, mit denen die Jünger Jesu zu allen Völkern ziehen sollen: „Taufet sie auf den Namen des Vaters und des Sohnes und des heiligen Geistes und lehret sie halten alles, was ich euch geboten habe." (Mt 28,19f.) Vergleicht man diese beiden Texte, in denen vom Auftrag gesprochen wird, den der auferstandene Herr den Seinen gibt, so zeigt sich – zu Recht – ein klares Übergewicht auf der Seite der Verkündigung und Lehre. Die Predigt des Wortes gibt den Taten den rechten Sinn und vollzieht die klare Zuordnung zum Anbruch der Gottesherrschaft, die in den Zeichen und Taten der Jünger Jesu aufzuleuchten beginnt. Wie die Jünger dem ihnen gegebenen Auftrag gerecht zu werden suchten, beschreibt dann die Apostelgeschichte. Sie berichtet an vielen Stellen von Wundertaten, die die Apostel verrichten konnten. Mag dabei an vielen Stellen volltönende, ausschmückende Redeweise die Erzählungen bestimmen, so wird doch auch hier ein Überlieferungskern anzunehmen sein, der auf historische Vorgänge bezogen ist (s. o. S. 30).[21]

Die urchristliche Überlieferung bringt in Predigt und Lehre den Christus Gottes als Helfer und Retter zur Darstellung, so dass der Ruf zu Umkehr und Glauben Anschaulichkeit und Kraft gewinnt. Die in Erzählungen entfaltete Christologie kann für jedermann deutlich vor Augen bringen, wer dieser Christus ist. Da Wunder „in sich selbst evident" sind[22], führen ihre Erzählungen „zur Ausbreitung der Predigt von Jesu Vollmacht" und „sind deren öffentliche und unausweichliche Proklamation".[23]

„In der Gegenwart Jesu weichen die Dämonen ohne Gegenwehr und zugleich wendet Gott sein Heil wohltätig den Kranken zu."[24] Indem diese Botschaft kraftvoll ausgerichtet wird, kann sie als Ruf zum Glauben und zu gehorsamer Annahme verstanden und aufgenommen werden. Mag auch die Antwort des Glaubens anfangs noch unsicher sein und in den Hilferuf gefasst werden „Ich glaube Herr, hilf meinem Unglauben" (Mk 9,24 Par.), so wird die Hinwendung zu Jesus als dem rettenden und helfenden Christus den schwachen Glauben stärken und festigen. Denn der Glaube hat verstanden, dass in den Berichten über Jesu Wundertaten nicht neugierige Betrachtung des Heilungsvorgangs oder der Begleiterscheinungen des helfenden Wunders dargestellt werden sollen. Vielmehr ist die Verkündigung von Jesu Wundertaten ganz darauf gerichtet, die Majestät des Kyrios zu preisen.

Anmerkungen

1 Vgl. G. Theißen, Urchristliche Wundergeschichten, 274.

2 Vgl. H. Weder, Wunder Jesu und Wundergeschichten, VF 29 (1984), 25–28.

3 Vgl. E. Käsemann, RGG[3] VI, 1835.

4 Vgl. J. Jeremias, Neutestamentliche Theologie I, [3]1979, 95.

5 Vgl. Käsemann, ebd.

6 Vgl. E. Schweizer, Das Evangelium nach Markus, NTD 1, Göttingen 1975, 55.

7 Vgl. A. Suhl, Die Wunder Jesu, Gütersloh 1968, 42.

8 Vgl. Theißen, a. a. O.

9 Vgl. Käsemann, ebd., 1836.

10 Vgl. Theißen, a. a. O., 277: „Die Verbindung von Eschatologie und Wunder ist bei Jesus singulär." Vgl. auch Weder, a. a. O., 30: „Die Wunder ziehen die (bisher als apokalyptisch verstandene) Zukunft Gottes ins Jetzt herein ... Sie vergegenwärtigen die Gottesherrschaft."

11 Vgl. Käsemann, Zum Thema der Nichtobjektivierbarkeit, in: Exegetische Versuche und Besinnungen I, Göttingen 1960 ([5]1967), 224–236.228.

12 Vgl. Käsemann, ebd.

13 Vgl. WBB VI, 10, 15ff.; zitiert nach K. Bornkamm, Wunder und Zeugnis, SGV 251/252, Tübingen 1968, 22.

14 Vgl. Bornkamm, ebd.

15 Vgl. Weder, a. a. O., 40.

16 Vgl. Theißen, a. a. O., 296.

17 Vgl. Jeremias, a. a. O., 92.

18 Vgl. Jeremias, a. a. O., 94.

19 Vgl. J. Schniewind, Zur Synoptikerexegese, ThR NF 2 (1930), 160.

20 Vgl. Weder, a. a. O., 30.

21 Vgl. G. W. H. Lampe, Miracles in the Acts of the Apostles, in: C. F. D. Moule (ed.), Miracles, London 1965, 163–178.178: „The ministry of Jesus, exercised through the operation of the Spirit in his own person during the humility of his earthly life, and through the working of the same Spirit, after his exaltation to Lordship, in his apostles, extends, in Luke's perspective, from Galiiee to Rome. Though the proclamation of Christ's gospel falls into clearly marked and distinct stages, its progress is continuous and from Galilee and Jerusalem to the centre of the Gentile world its course is the same: in the word of repentance and forgiveness and the expression of that word in signs and wonders and mighty works."

22 Vgl. U. Luz, Das Geheimnismotiv und die markinische Christologie, ZNW 56 (1965), 9–30.17.

23 Vgl. Luz, ebd., 18.

24 Vgl. Busse, a. a. O., 458.

Anhang

14 Die Wundertaten Jesu im Johannesevangelium

Der Verfasser des vierten Evangeliums berichtet – wie die anderen Evangelisten auch – von Wundertaten, die Jesus während seines irdischen Lebens verrichtete.[1] Nach der Erzählung von der Wandlung des Wassers in Wein bei der Hochzeit zu Kana und der Reinigung des Tempels, heißt es: „Viele glaubten an seinen Namen, da sie die Zeichen sahen, die er tat." (2,23) Doch solcher *Wunderglaube* wird im folgenden Satz kritisiert: „Aber Jesus vertraute sich ihnen nicht an; denn er kannte sie alle." (2,24) Glaube, der sich nur auf Wunder gründet, ist ein schwacher und unzuverlässiger Glaube, der rasch auftaucht, aber auch schnell wieder zusammenfällt. So bleibt Nikodemus, der voller Bewunderung von Jesu Wundern spricht (3,2), ungläubig gegenüber Jesu Rede von der neuen Geburt (3,1–10). Jesus tadelt die Menge des Volks, die auf Wunder hoffen und – anders als der königliche Beamte – nur auf Grund von Zeichen und Wundern glauben will. (4,48) Als die Menge, beeindruckt durch Jesu unerhörte Taten, sich neugierig ihm zuwendet (6,2; vgl. 12,18) und ihn zum König machen will allein auf Grund des Eindrucks, den er durch die Zeichen auf sie gemacht hat, ist alles, was Jesus tun kann, dass er sich von ihnen abwendet und in die Einsamkeit geht (6,15). Während viele meinen, dass er auf Grund der Wunder der Christus sein müsse (7,31), ist dies genau der Grund für die jüdischen Behörden, dass sie beschließen, er müsse sterben (11,49–53). Daraufhin fällt der Glaube, der durch Jesu Wunder hervorgerufen wurde, rasch wieder in sich zusammen, so dass der Evangelist, im Rückblick auf Jesu Taten, feststellen muss: „Obwohl er solche Zeichen vor ihren Augen tat, glaubten sie doch nicht an ihn" (12,37) – eine rätselhaft erscheinende Feststellung, die nur dadurch erklärt werden kann, dass Gott ihr Herz verstockt hat (12,38–40). Auf diese Weise beurteilt der Evangelist den Glauben, der sich auf Wunder gründet, als schwach und flüchtig.

Man könnte sich fragen, warum für den Evangelisten Wunder überhaupt Bedeutung für den christlichen Glauben haben sollten. Doch auf diese Frage gibt er Antwort, wenn er am Ende seines Buches sagt: „Noch viele andere Zeichen tat Jesus vor seinen Jüngern, die nicht geschrieben sind in diesem Buch. Diese aber – d. h. die im Evangelium erzählten Wundertaten – sind geschrieben, damit ihr glaubt, dass Jesus der Christus ist, der Sohn Gottes, und damit ihr durch den Glauben das Leben habt in seinem Namen." (20,30) Auf der einen Seite wird Glaube, der sich auf Wunder gründet, als schwach und kurzlebig beurteilt, auf der anderen Seite aber wird gesagt, dass Jesu Zeichen Glauben wecken sollten. Welche Bedeutung haben nun Wundertaten Jesu im Zusammenhang der Botschaft, die das Johannesevangelium ausrichtet?

14.1 Um diese Frage zu beantworten, sollen zuerst die *Wundererzählungen* betrachtet werden, zu denen es *in den synoptischen Evangelien Parallelen* gibt.[2] Denn durch Vergleich der synoptischen Perikopen mit den johanneischen Abschnitten lässt sich die besondere Aussage der johanneischen Texte aufzeigen. Die Erzählung von der *Heilung des Sohnes des königlichen Beamten* (4,46–54) steht in deutlich erkennbarem Zusammenhang mit dem Bericht über den Hauptmann von Kapernaum (Mt 8,5–13 par. Lk 7,1–10).[3] Doch ist schwerlich eine direkte literarische Abhängigkeit der johanneischen Perikope von der synoptischen oder einem entsprechenden Abschnitt in der Sprchüberlieferung Q anzunehmen. Wahrscheinlicher ist, dass der Inhalt dieses Stückes durch mündliche Überlieferung weitergegeben wurde und dann sowohl in Q wie auch im vierten Evangelium aufgezeichnet worden ist.[4] Nach den synoptischen Evangelien wendet der heidnische Hauptmann sich direkt an Jesus und bittet für seinen Knecht um Hilfe, weil er krank darniederliegt. Jesus betritt nicht das Haus des Heiden, sondern sagt, er sei verwundert über den Glauben eines Heiden. Dann spricht er ein machtvolles Wort, durch das der Knecht sogleich geheilt wird. Die johanneische Fassung verläuft anders. Danach kommt zu Jesus, als er in Kana weilte, ein Offizier aus dem königlichen Dienst, weil sein Sohn schwerkrank in Kapernaum liegt. Die Begegnung findet in weiter Entfernung von dem Ort statt, an dem der kranke Sohn sich befindet. Die rettende Wundertat ist also gesteigert als ein erstaunliches Geschehen.[5] Es handelt nicht ein Heide, sondern ein Jude, der zu Jesus kommt. Daher muss die Antwort auf seine Bitte anders begründet werden. Jesus sagt: „Wenn ihr nicht Zeichen und Wunder[6] seht, so glaubt ihr nicht." (Joh 4,48) Glaube, der sich allein auf Wunder gründen will, wird nicht als echter Glaube anerkannt. Gleichwohl lässt sich der Vater nicht von Jesus fortschicken, sondern erneuert seine Bitte für sein schwer krankes Kind mit stärkerer Dringlichkeit. Nun antwortet Jesus mit dem majestätischen Befehl: „Geh hin, dein Sohn lebt." (V. 50) Dieser Weisung folgte der Vater und fand zu Hause seinen Sohn geheilt und gesund. So vollzieht sich in dieser Begegnung ein wesentlicher Fortschritt vom Glauben, der sich auf Wunder gründet, zum Glauben, der Vertrauen beinhaltet.

Auf dem Heimweg begegnen dem Vater seine Knechte und berichten, dass sein Sohn plötzlich geheilt wurde. Sie handeln als glaubwürdige Zeugen für das Wunder, das stattgefunden hat, da sie nichts wussten vom Wort Jesu, das die Heilung bewirkt hatte. Daher wird hier die Betonung auf die Größe des Wunders gelegt, das das Wunder, wie es die Synoptiker beschrieben haben, weit übertrifft. Der Vater, der sieht, dass Jesu Worte unmittelbar in Erfüllung gehen, kommt mit seinem ganzen Haus zum Glauben (V. 53). Das kann nur bedeuten, dass er erkennt, dass Jesus von Gott gesandt ist, und so zum rechten Glauben kommt. Durch diese Betonung lässt der Evangelist die Geschichte bestimmt sein. Damit hat er der Geschichte eine klare Beziehung zum Glauben gegeben, der dem Wort Jesu traut. Die Wundergeschichte ist auf diese Weise zu einem Zeugnis geworden, das auf Jesus als den Heiland der Welt hinweist (4,42), und lädt ein zu einem Glauben, der nicht nach Wundern fragt, sondern sich auf das Wort Jesu gründet.

In Kap. 6 nimmt der Evangelist wiederum vorgegebene Tradition auf, in der von *der wunderbaren Speisung* und Jesu Wandel auf dem Wasser des Sees gehandelt wird. In beiden Stücken ist es wahrscheinlich, dass sie aus mündlicher Überlieferung aufgenommen wurden.[7] Die synoptische und die johanneische Fassung sind unabhängig voneinander gestaltet worden, so dass nicht auf ein Verhältnis literarischer Abhängigkeit zu schließen ist. In beiden Fällen wird mündliche Tradition über Jesus in fester geformter Prägung zugrunde liegen und überarbeitet worden sein.[8]

Die Menge Volks, die die Zeichen gesehen hat, die Jesus vollzogen hat, folgt Jesus und seinen Jüngern in gespannter Erwartung. Als Jesus so viele Leute sah, fragt er Philippus: „Wo kaufen wir Brot, damit diese zu essen haben?" (6,5) Hier zeigt sich deutlich der Unterschied zur synoptischen Fassung. Nach dieser regen die Jünger an, Jesus möge die Menge fortschicken, damit sie Brot in den umliegenden Ortschaften kaufen können. Nach der johanneischen Fassung ergreift Jesus die Initiative, indem er sich an Philippus wendet, mit der prüfenden Frage: „denn er wusste wohl, was er tun sollte". (6,6) Philippus antwortete: „Für 200 Denare Brot ist nicht genug für sie, dass jeder ein wenig bekomme." (V. 7) Der Evangelist folgt der ihm vorgegebenen Tradition, indem er eine bestimmte Summe Geldes nennt. Er bezieht sich auf diese Überlieferung, um die Größe des folgenden Wunders umso großartiger erscheinen zu lassen. Nur in der johanneischen Fassung findet sich eine Bemerkung des Andreas, des Bruders Petri: „Es ist ein Kind hier, das hat fünf Gerstenbrote und zwei Fische. Aber was ist das für so viele?" (V. 9)[9] Diese Bemerkung löst das Wunder von der Speisung der Fünftausend aus, das nun umso großartiger erscheint. Jesus weist die Leute an, sich zu lagern. Und nachdem er das Dankgebet gesprochen hat, teilt er das Brot aus. Die Jünger reichen das Brot weiter, und alle bekommen genug. Das Wunder selbst wird nicht beschrieben. Nur im Schluss der Geschichte wird hervorgehoben, dass zwölf Körbe von den übrig gebliebenen Speisen gefüllt wurden. Die Bedeutung der wunderbaren Speisung wird dadurch aufgezeigt, dass der Evangelist die Geschichte mit der Rede über das Brot des Lebens verbindet (6,35.48.51). Jesus, der sich seinen Jüngern als Herr über Wind und Wasser gezeigt hat (6,16–21)[10], tut kein weiteres Zeichen, um seine Legitimation zu erweisen, so dass alle sich vor ihm verneigen müssten. Im Gegenteil, das Zeichen, das Jesus bewirkt hat, wird vom Evangelisten hervorgehoben, indem sein spezifischer, wunderbarer Charakter aufgezeigt wird, um alle Aufmerksamkeit auf Jesu Worte vom Brot des Lebens zu lenken, das nur derjenige empfangen kann, der an ihn glaubt.

Die johanneischen Perikopen, die eine vergleichende Gegenüberstellung zu synoptischen Texten ermöglichen, zeigen, dass der vierte Evangelist den Wundertaten Jesu noch größere Bedeutung zumisst als die anderen Evangelisten. Aber die Bedeutung dieser Zeichen wird nur dann angemessen begriffen, wenn sie verstanden werden als Botschaft der Worte Jesu, der der Heiland und Retter der Welt und das Brot des Lebens ist.

14.2 Vergleich und Gegenüberstellung mit den synoptischen Erzählungen haben erkennen lassen, wie das johanneische Verständnis der Wundertaten Jesu aussieht. Jetzt haben wir uns den *übrigen Wundergeschichten* des vierten Evangeliums zuzuwenden, um ihr Verständnis der Zeichen, die Jesus tat, zu erheben. Das erste Zeichen, das Jesus tat, ist nach der Abfolge der johanneischen Geschichten von Jesu Wundertaten die Wandlung von Wasser zu Wein in Kana (2,1–12). Jesu Mutter, Jesus selbst und die Jünger sind Gäste beim *Hochzeitsfest zu Kana* in Galiläa. Als der Wein zur Neige geht, lenkt Jesu Mutter seine Aufmerksamkeit auf diesen Sachverhalt, und spricht die stillschweigende Erwartung aus, dass er ein Wunder tun möge. Doch Jesus weist dieses Ansinnen ab. Aber seine Mutter sagt zu den Dienern: „Was er euch sagt, das tut.“ (V. 5) Jesus weist die Diener an, die sechs steinernen Wasserkrüge mit Wasser zu füllen. Jeder von ihnen – so wird bemerkt – fasste zwei oder drei Maße. Dann weist Jesus die Diener an: „Schöpft nun und bringt's dem Speisemeister.“ (V. 8) Das Wunder selbst wird nicht beschrieben. Aber die Tatsache, dass eines geschehen ist, wird festgestellt durch den erstaunten Speisemeister, der voller Verwunderung sagt, nun stehe eine überreichliche Menge guten Weins zur Verfügung.

Diese Geschichte weist Züge auf, die typisch sind für eine Wundergeschichte. Das Wunder wird getan, nachdem es am Anfang abgelehnt wurde. Die große Fassung der Krüge wird ausdrücklich angegeben. Und am Ende wird das geschehene Wunder durch einen unverdächtigen Zeugen festgestellt. Doch einige Züge der Erzählung bleiben seltsam unrealistisch. Jesus widerspricht seiner

Mutter mit schroffer Zurückweisung. Beide können offenbar den Dienern Weisungen erteilen in eines anderen Haus, obwohl sie doch nur Gäste sind. Doch die Diener gehorchen. Offensichtlich begreifen sie sofort, was sich zutragen wird. So sind sie bereit, eine große Menge Wassers in die Gefäße zu gießen. Jesu Wundertat gilt nicht wie die synoptischen Geschichten einer drängenden Notlage, sondern kann nur als ein sog. „Luxuswunder" bezeichnet werden.[11] Der johanneische Bericht über dieses Ereignis ist offensichtlich unter Einfluss einzelner Züge aus dem Kult des Gottes Dionysos gestaltet worden. Diese Züge konnten umso eher übernommen werden, da in der alten Welt Wein als ein Zeichen der Heilszeit angesehen wurde.[12] Der Evangelist legt besonderen Nachdruck auf die Geschichte als Zeichen; deshalb stellt er am Ende fest, dass Jesus seine Herrlichkeit offenbarte durch das erste seiner Zeichen – und dass die Jünger an ihn glaubten.[13] Die einzig angemessene Antwort auf dieses Geschehen kann darum nur der Glaube an Jesus sein, der seine Herrlichkeit offenbarte.

Die beiden *Heilungsgeschichten in Kap. 5 und 9*, im Aufriss ähnlich gestaltet, sind vom Thema der offenbarten Herrlichkeit Jesu bestimmt. Unter den vielen Kranken, die am *Teich von Betesda* lagerten,[14] sieht Jesus einen Mann, der schon 38 Jahre hilflos herumgelegen hatte. Die Erwähnung der langen Leidenszeit gehört zu den typischen Zügen einer Wundergeschichte und dient dazu, die Größe des Wunders hervorzuheben, das sich gleich ereignen wird.[15] Der kranke Mann richtet keine Bitte an Jesus – im Gegenteil, Jesus weiß Bescheid, ohne dass auch nur ein Wort zu ihm gesagt wurde; die Schwere des Leidens und die lange Dauer erkennt er sofort und spricht den Mann mit einer herausfordernden Frage an: „Willst du gesund werden?" (5,6) Daraufhin klagt er sein Leid.[16] Doch Jesus spricht nur ein kurzes, aufforderndes Wort: „Steh auf, nimm dein Bett und geh hin." (V. 8)[17] Dieser Befehl zeitigt unmittelbar Wirkung. Der Mann steht auf, nimmt sein Bett und geht davon. Dadurch macht er für jedermann sichtbar, dass sich ein Wunder ereignet hat. Aber im Johannesevangelium dient dieses Gehen nicht wie in den synoptischen Evangelien dazu, einen Beweis für die Heilung des Gelähmten zu geben. Vielmehr wird dem Geschehen eine erheblich weiter reichende Bedeutung beigemessen, wie aus der nächsten Bemerkung des Evangelisten deutlich wird: „Es war aber an dem Tag Sabbat." (V. 9b) Wenn der Mann nach der erfahrenen Heilung sein Bett nimmt und geht, verrichtet er nach Überzeugung der jüdischen Lehrer eine Arbeit und bricht dadurch das Sabbatgebot. In der Tat ist Jesus für diesen Verstoß verantwortlich. Doch Jesus weist die laut werdende Kritik an seinem Handeln zurück:[18] „Mein Vater wirkt bis auf diesen Tag, und ich wirke auch." (V. 17) Wie das Wirken des Vaters keine Unterbrechung duldet, so darf auch Jesu offenbarendes Handeln nicht unterbrochen werden, auch nicht durch einen Sabbat (vgl. 9,4). Jesu Zeit ist begrenzt, darum muss er jetzt wirken und handeln. So wird diese Geschichte zu einer Offenbarung der Herrlichkeit Jesu. Der lange Dialog, der sich anschließt, und die streitige Auseinandersetzung weisen auf die Autorität hin, die ihm gegeben ist. Dabei legen die Worte Jesu seine Handlung aus – als eine Demonstration seines offenbarenden Wirkens.

Dieses Thema ist noch stärker betont in der Geschichte von der *Heilung eines Blindgeborenen* in Kap. 9.[19] Während die Synoptiker an mehreren Stellen Geschichten von Blindenheilungen bringen, geht der vierte Evangelist über deren Aussagen hinaus und stellt fest, dass Jesus einem Blinden begegnet, der von seiner Geburt an blind ist (9,1). Wenn ihm das Augenlicht verliehen wird, muss das Wunder umso eindrucksvoller erscheinen. Von solchem Ereignis hat man bisher noch nicht gehört (9,32). Die Frage der Jünger, ob der blinde Mann sein Leiden wegen von ihm begangener Sünden trägt oder aber auf Grund von Sünden der Eltern, wird von Jesus als unangemessen zurückgewiesen. Die Blindheit des Mannes ist allein dazu da, dass die Werke Gottes an ihm offenbar werden sollen (9,3). Dieser alleinige Zweck und die Heilung haben sich zugetragen, damit die Herrlichkeit Jesu durch sie offenbar werden soll. Auf diese Weise wird der Leser gleich zu Beginn der Geschichte mit ihrer Bedeutung als „Zeichen" konfrontiert.

Diese Bedeutung wird unterstrichen, indem von Jesus gesagt wird, er sei das Licht der Welt (9,5). Indem Jesus den blinden Mann anweist, sich im Teich Schiloach zu waschen, wird vom Evangelisten dieser Weisung eine allegorische Deutung verliehen: „Schiloach – das heißt übersetzt: gesandt." (V. 7) Das kann nur bedeuten, dass

Jesus der von Gott gesandte Mann ist, der als das Licht der Welt gekommen ist.[20]

In der Debatte über das Wunder, die dann zwischen Jesus und den Juden folgt, unter Beteiligung des Geheilten und seiner Eltern, konzentriert sich die Auseinandersetzung auf die Frage, ob Jesus zu Recht oder zu Unrecht den Anspruch erhebt, der Gesandte Gottes zu sein. Nachdem Anklage erhoben wurde, dass (wie Kap. 5) das Sabbatgebot gebrochen wurde, versuchen die Juden überhaupt in Zweifel zu ziehen, dass wirklich ein Wunder stattgefunden hat: dass der Geheilte und der Mann, der vor ihnen steht, miteinander identisch sind. Aber mit diesem Versuch scheitern sie kläglich (9,18–23). Der Evangelist hat damit als sicher erweisen können, dass Jesu Wunder sich tatsächlich zugetragen hat. Daran kann es keinen Zweifel geben. Daraus aber folgt Jesu berechtigte Frage, ob der Anspruch zu Recht erhoben wird, Gottes Offenbarung zu bezeugen. Die Juden und insbesondere die Pharisäer sind blind in ihrem Unglauben, darum bleibt ihre Sünde auf ihnen (9,39–41). Der Mann, der geheilt wurde, begreift, was an ihm geschehen ist, und gelangt am Ende zu der Einsicht, dass Jesus der Menschensohn ist (9,35–38), durch den die eschatologische Krisis angebrochen ist.[21]

Höhepunkt und Abschluss der öffentlichen Wirksamkeit Jesu ist die *Auferweckung des Lazarus.*[22] Die beiden Schwestern, Maria und Marta, schicken Botschaft zu Jesus, um ihm mitzuteilen, dass ihr Bruder krank darniederliegt. Dabei hegen sie die Hoffnung, Jesus möge kommen und ein Wunder tun (11,3). Aber Jesus kommt nicht. Im Gegenteil, er sagt, diese Krankheit sei nicht zum Tode – das heißt, dass der Tod nicht das Ende ist und die Krankheit nicht tödlich. Vielmehr ist sie dazu da, Gottes Herrlichkeit zum Leuchten zu bringen (11,4). Wer an ihn glaubt, wird darum die Herrlichkeit Gottes sehen (11,40). Nachdem Jesus einige Tage gewartet hat, sagt er zu seinen Jüngern: „Lazarus, unser Freund schläft." (11,11) In der Antike wurde dieser Ausdruck als Euphemismus für „Tod" gebraucht. Hier aber ist er verwendet, um Missverständnis zu wecken, das sich sogleich bei den Jüngern zeigt. Sie meinen, dass Jesus über gewöhnlichen Schlaf spricht. Doch jedes Missverständnis schließt Jesus aus, indem er sagt: „Lazarus ist tot." (11,14) Der Tod scheint das letzte Wort gehabt zu haben – umso deutlicher, als Jesus bei seiner Ankunft in Bethanien die Nachricht erhält, dass Lazarus schon vier Tage im Grab liegt (11,17.39). Nach verbreiteter Ansicht dachte man in der Antike, dass sich drei Tage lang die Seele des Verstorbenen in der Nähe des Grabes aufhält. Aber vom vierten Tag an setzt der Prozess der Verwesung ein und der Tod ist endgültiger Sieger. Jesus begibt sich zum Grab des Lazarus, man schafft den Stein zur Seite, und Jesus sagt mit majestätischem Befehl: „Lazarus, komm heraus." (11,43) Daraufhin kommt der in Tücher gehüllte Verstorbene heraus. Jesus befiehlt, man solle die Binden lösen, so dass das unerhörte Ereignis vor jedermann sichtbar wird (11,44).

Zu dieser Geschichte bringt der Evangelist nicht wie bei den anderen Wundern einen streitigen Disput über Jesu Vollmacht.[23] Im Gegenteil, lässt er ein Gespräch zwischen Jesus und Marta sich zutragen (V. 20–31). Dieses Gespräch soll klären, was es bedeutet, wenn Jesus sagt: „Ich bin die Auferstehung und das Leben." (11,25) Dieses Wort nimmt Marta auf und spricht das Bekenntnis aus: „Ja, Herr, ich glaube, dass du der Christus bist, der Sohn Gottes." (V. 27) Das ist das Zeichen, dass Jesus allein – und kein anderer und nichts anderes – die Auferstehung und das Leben ist. Diese Gabe wird allein im Glauben verstanden und angenommen. Im Zusammenhang mit dieser Geschichte ist verschiedentlich der Gedanke ausgesprochen worden: Wenn das so ist, dann ist die Auferweckung des Lazarus eigentlich nicht mehr erforderlich.[24] Doch gegen diese These ist einzuwenden, dass es dem Evangelisten darauf ankommt, die Wirklichkeit der Wundertaten Jesu zu betonen. Jesu Worte und seine Taten gehören unlöslich zusammen. Die Wunder, deren Geschehen größtes Erstaunen hervorruft, unterstreichen den Anspruch, den Jesus erhebt. Hörer und Leser sind mit der entscheidenden Frage konfrontiert: „Glaubst du das?" – eben dieses, dass Jesus der Christus und Gottessohn ist.

Auf diese Frage geben de Juden eine verneinende Antwort. Beunruhigt durch Jesu herausfordernde Zeichen (11,47), beschließen sie, Jesus müsse sterben. Die Auferweckung des Lazarus löst die Passion Jesu aus, die ihn ans Kreuz bringt. Wenn Jesu Zeichen sowohl Gottes Herrlichkeit wie auch die seine offenbaren, dann kommt Jesu Verherrlichung zur Vollendung durch seine Erhöhung ans Kreuz (12,16.23.28; 13,31f.; 17,1.4f.). Seine irdische Wirksamkeit, in der seine Herrlichkeit durch seine Zeichen offenbart wurde, wird mit seiner Kreuzigung und seiner Erhöhung fest verbunden. Daher sagt die bekennende Christenheit mit voller Überzeugung: „Wir sahen seine Herrlichkeit." (1,14)

14.3 Im Johannesevangelium sind Jesu Wundertaten fest verbunden mit dem Zusammenhang des ganzen Evangeliums. Der Evangelist hebt die *Bedeutung der Wunder* hervor, indem er die weite Entfernung zwischen dem kranken Kind und Jesus feststellt und die Schwere der Krankheit ausdrücklich benennt (4,46–54),[25] auf die Größe der Wasserkrüge in Kana hinweist (2,6), die große Zahl hungriger Menschen nennt (6,10) und schließlich ausdrücklich sagt, dass Lazarus wirklich schon tot ist (11,17). Jesu Handlungen gelten nicht Menschen, die in Not sind[26]. Vielmehr ergreift Jesus die Initiative, die zum Wunder führt, das dazu geschieht, dass die Herrlichkeit Gottes offenbart werden soll. Die Größe des Wunders, das jeweils sich zuträgt, weist hin auf das unerhörte Geschehen, dass das Wort Fleisch wurde und Jesu in die Welt kam. Jesu Taten haben daher nicht nur eine symbolische Bedeutung,[27] sondern die Realität der Wunder wird nachdrücklich betont, um die Aufmerksamkeit darauf zu richten, dass sich die Offenbarung Gottes in Christus ereignet.[28]

Indem der Evangelist den alttestamentlichen Ausdruck „Zeichen und Wunder" aufgreift, will er zeigen, dass jedes Zeichen nicht nur für sich selbst betrachtet werden soll, sondern von einer Bedeutung bestimmt ist, die weit über das einzelne Ereignis hinausgeht.[29] Die Wundertaten Jesu zeigen an, dass er das Brot des Lebens, das Licht der Welt und die Auferstehung und das Leben ist. Dadurch wird der Leser aufgefordert, die glaubende Antwort zu geben. Jesu Worte und seine Taten legen sich somit gegenseitig aus und gestalten miteinander das Zeugnis von der Offenbarung der Herrlichkeit Jesu.[30]

Die Juden verlangen von Jesus ein Zeichen, das eindeutig seine Vollmacht beweist (2,23; 6,30 u. ö.).[31] Diese Forderung weist Jesus zurück (4,48 u. ö.); denn seine Zeichen sind darauf gerichtet, die freie Entscheidung des Glaubens zu wecken. Jesu Zeichen liefern mithin keinen mit Macht zwingenden Beweis, sondern ebenso wie seine Verkündigung rufen sie eine doppelte Möglichkeit der Entscheidung hervor (7,40f.; 9,16; 10,10; 11,45f.). Auf der einen Seite steht der Glaube, der die Zeichen Jesu als Offenbarung seiner Herrlichkeit versteht (2,11; 4,36–54). Aber auf der anderen Seite rufen die Zeichen Jesu erbitterten Hass hervor, der ihn schließlich ans Kreuz bringt.[32]

Durch sein Wirken macht Jesus die Werke Gottes offenbar (9,3). Die Jünger, die sie sehen (7,3), schicken sich an, die Werke Gottes zu verrichten, d. h. an den zu glauben, den Gott gesandt hat (6,20). Da sie die Einheit von Jesu Worten und seinen Taten begreifen und deshalb an ihn glauben (14,11), wird ihnen die Verheißung zugesprochen, dass der, der an Jesus glaubt, fähig sein wird, die Werke zu tun, die er tut, und sogar größere (14,12). Das bedeutet, dass sie nach Jesu Heimgang zum Vater durch ihr Bekenntnis des Glaubens und ihre Predigt die Offenbarung Gottes zur Vollendung bringen werden. Aber die Repräsentanten der gegenwärtigen Ordnung der Welt, die auch Jesu Zeichen gesehen haben, werden sich gegenüber der Herausforderung, die die Zeichen Jesu bezeugen, verschließen. Sie verhärten sich gegenüber dieser Herausforderung in Blindheit und Ungehorsam (9,29–41; 12,37 u. ö.) und versuchen, Jesus aus dem Weg zu schaffen (10,31). Die Werke, die der Vater ihm zu verrichten gegeben hat, geben Zeugnis über ihn (5,36; 4,34; 9,4; 17,4). Durch dieses Geschehen aber ist die eschatologische Krisis angebrochen, durch die Glaube und Unglaube, Licht und Finsternis, Leben und Tod voneinander geschieden werden.

Anmerkungen

1 Vgl. E. Lohse, Miracles in the Fourth Gospel, in: What about the New Testament? Essays in Honour of Christopher Evans, London 1975, 64–75 = E. Lohse, Miracles in the Fourth Gospel, in: E. Lohse, Die Vielfalt des Neuen Testaments, Exegetische Studien zur Theologie des Neuen Testaments II, Göttingen 1982, 45–56. Vgl. ferner E. Bammel, John did no miracle, in: C. F. D. Moule (ed.), Miracles – Cambridge Studies in their Philosophy and History, London 1965,

179–202; X. Léon-Dufour, Les Miracles de Jésus selon Jean, in: X. Léon-Dufour (Hg.), Les Miracles de Jésus, Paris 1977, 269–286; N. Walter, Die Auslegung überlieferter Wundererzählungen im Johannes-Evangelium, ThV II (1970), 93–107.

2 Vgl. E. Haenchen, Johanneische Probleme, ZThK 36 (1959), 19–54 = in: Gott und Mensch. Gesammelte Aufsätze, Tübingen 1965, 78–111.

3 Vgl. E. Schweizer, Die Heilung des Königlichen, EvTh 11 (1951/2), 64–71 = Neotestamentica, Zürich 1963, 407–413.

4 Die Hypothese, dass es eine sog. „Zeichen-Quelle" gegeben habe, ist nachdrücklich vertreten worden von J. Becker, Wunder und Christologie, NTS 16 (1969/70), 130–148.

5 Wenn 2,1–12 und 4,46–54 ursprünglich in der „Zeichen-Quelle" unmittelbar zusammengehörten, hat der Evangelist beide Wundergeschichten in Jesu Reise nach Kana in Galiläa gesetzt, um die Wundertaten betont hervorzuheben.

6 Die Wortverbindung „Zeichen und Wunder" war im Alten Testament vorgegeben und findet sich im vierten Evangelium nur an dieser Stelle. Vgl. Ex 7,3; Dtn 4,14 u. ö.

7 Vgl. J. Jeremias, Johanneische Literarkritik, ThBl 20 (1941), 32–46.42 weist auf folgende Parallelen hin:

Joh	6,1–15	Speisung	Mk 6,30–44
	6,16–25	Seewandel	6,45–52
	6,26–31	Forderung eines Zeichens	8,11–13
	6,32–65	Diskussion über das Brot des Lebens	8,14–21
	6,66–69	Wort an Petrus	8,33

8 Anders S. Mendner, Zum Problem Johannes und die Synoptiker, NTS 4 (1957/58), 282–307, wo die fragliche Annahme vertreten wird, die johanneische Speisungsgeschichte sei erst sekundär in die synoptische Tradition eingefügt worden.

9 Mk 6,38 wird nur gesagt, dass fünf Brote und zwei Fische zur Hand waren.

10 Der wunderhafte Charakter des Seewandels wird hervorgehoben, indem bemerkt wird, dass sich die Jünger in ihrem Boot in der Mitte des Sees befanden.

11 Vgl. W. Bauer, Das Johannesevangelium, Tübingen [3]1933, 46.

12 Vgl. J. Jeremias, Jesus als Weltvollender, Berlin 1930, 28f.

13 Es wird nicht ein Bezug zum sakramentalen Mahl angedeutet.

14 Zur Topographie des Ortes vgl. J. Jeremias, Die Wiederentdeckung von Bethesda, FRLANT 41, Göttingen 1949.

15 Daher legt sich nicht eine allegorische Deutung nahe.

16 Die Art der Krankheit wird nicht genannt. Nach V. 8 ist darauf zu schließen, dass es sich um einen Gelähmten handelt.

17 Vgl. Mk 2,9.11 und J. Buse, John 5,8 and Johannine-Markan Relationships, NTS 1 (1954/55), 134–136. Eine literarische Abhängigkeit des Johannesevangeliums vom Markusevangelium ist nicht wahrscheinlich. Vielmehr ist anzunehmen, dass die Überlieferung von Jesu Wundertaten in mündlicher Tradition weitergereicht worden ist.

[18] Die Geschichte über den Sabbatkonflikt endet 7,15–24.

[19] Die Wundergeschichte von Kap. 9 weist Anklänge an die Wundererzählung in Kap. 5 auf.

[20] Hier ist eine allegorische Deutung von Evangelisten angezeigt. Es wird auf die Taufe hingewiesen.

[21] Die Verse 10,19–21 haben ihren jetzigen Ort durch die Redaktion erhalten und gehören ursprünglich an das Ende von Kap. 9.

[22] Vgl. R. Schnackenburg, Das Johannesevangelium II, Freiburg 1971, 428–431.

[23] Vgl. E. Hoskyns / F. N. Davey, The Fourth Gospel, London [2]1947, 111. Der Evangelist musste sich nicht mit der Frage auseinandersetzen, ob die Wundergeschichte tatsächlich so stattgefunden hat. Er konnte sich auf die ihm vorgegebene Tradition stützen.

[24] Vgl. J. Wellhausen, Das Evangelium Johannis, Berlin [2]1908, 51.

[25] Vgl. W. Wrede, Charakter und Tendenz des Johannesevangeliums, Tübingen [2]1933, 8 und E. Schweizer, Ego Eimi, FRLANT 36, Göttingen 1939 (= [2]1965), 140.

[26] 4,46–54 ist eine Ausnahme. Dass der Vater zu Jesus kommt, war dem Evangelisten durch die Überlieferung vorgegeben.

[27] Vgl. R. Bultmann, Theologie des Neuen Testaments, Tübingen [9]1984, 45f.

[28] Der Evangelist lässt nicht erkennen, dass er etwa einen „naiven Doketismus“ verträte, nach dem Gott über die Erde wandelte. Vgl. E. Käsemann, Jesu letzter Wille nach Johannes 17, Tübingen 1966, 51f.

[29] Vgl. Schweizer, a. a. O., 138.

[30] Vgl. C. H. Dodd, The Interpretation of the Fourth Gospel, Cambridge 1953, 372.

[31] Ein Prophet hatte sich durch ein Zeichen zu legitimieren. Vgl. P. Billerbeck, Kommentar zum Neuen Testament aus Talmud und Midrasch II, München 1924, 480.

[32] Käsemann, a. a. O., 22, unterstreicht mit Recht den Zusammenhang von Zeichen und Offenbarung der Herrlichkeit.

15 Wunder im Urteil des Apostels Paulus

Im weit ausholenden Schlussteil des Römerbriefes, in dem der Apostel den Christen in Rom und sich selbst Rechenschaft vom Evangelium ablegt, blickt Paulus auf sein bisheriges Wirken zurück.[1] Sein Werk hat er zu einem gewissen Abschluss gebracht. Dieses sein Verständnis begründet er mit den Worten, er habe von Jerusalem einen weiten Kreis bis nach Illyrien geschlagen (Röm 15,19). Obwohl Paulus niemals dort als Missionar tätig gewesen ist, nennt er an erster Stelle Jerusalem als den Ort, von dem das Evangelium, das den Juden zuerst auszurichten ist (Röm 1,16), seinen Ausgang genommen hat. Dann ist es in die Welt hinausgetragen worden – bis nach Illyrien, d. h. bis an die Grenzen des Römischen Reiches, zu den Griechen und zu den Völkern. Mit diesen Worten steckt Paulus gleichsam den Raum ab, der mit der frohen Botschaft erfüllt worden ist. Daher kann er die ihm für den östlichen Bereich des Mittelmeerraumes anvertraute Aufgabe als getan ansehen, alle weitere Ausbreitung der Verkündigung aber getrost den von ihm gegründeten Gemeinden überlassen und sich – wie er dann im Folgenden näher darlegen wird – dem Westen zuwenden und nach Spanien weiterziehen.

15.1 In diesen Rückblick fügt der Apostel eine kurze Bemerkung ein, deren Bedeutung man leicht überhören könnte: er habe „in der Kraft von *Zeichen und Wundern*" gewirkt. Das Werk, das ihm aufgetragen ist, war und ist nicht seines, sondern das seines Herrn, der durch die Kraft des Geistes den Lauf des Evangeliums vorangebracht hat. Daher war der Weg, den der Apostel durchmessen hat, von „Zeichen und Wundern" begleitet. Welche Bedeutung ist dieser Aussage beizumessen? Und wie hat der Apostel diese Phänomene beurteilt?

In den Kommentaren zum Römerbrief finden sich zumeist nur knappe Angaben zur Erklärung des 19. Verses im 15. Kapitel, die fast ein wenig verlegen und ratlos erscheinen. Warum spricht der Apostel von Wundern, die seinem Wirken Nachdruck gegeben haben? Hat er etwa an mirakelhafte Erscheinungen gedacht? Solche Annahme aber scheint sich nicht zu den gewichtigen theologischen Gedanken des Paulus zu fügen. Kann man diese Bemerkung einfach übergehen?

Zwar stießen schon in der Antike übertreibende Berichte über Wundertaten teilweise auf kritische Skepsis. Aber grundsätzlich war nicht strittig, dass es *wunderhafte Begebenheiten* geben könne. Das gilt auch für das Urchristentum im Allgemeinen und für den Apostel Paulus im Besonderen. Daher ist in neueren Beiträgen zum Verständnis paulinischer Theologie mit Recht Aufmerksamkeit auf die Frage gerichtet worden, wie der Apostel wunderhafte Geschehnisse beurteilt und welche Bedeutung er ihnen für sein eigenes Wirken beigemessen hat. Gegen gelegentlich angestellte Versuche, die Hinweise des Apostels für spätere Interpolationen zu erklären, ist mit Recht der Einwand erhoben und geltend gemacht worden, „dass Paulus ein antiker Mensch und Orientale war“.[2] Es bedarf jedoch einiger Sorgfalt, dem jeweiligen Kontext, in dem sich diese kurzen Hinweise finden, Rechnung zu tragen und auf diese Weise der Aufgabe zu genügen, Paulus als Wundertäter im Zusammenhang seines Selbstverständnisses zutreffend zu verstehen[3]: „Wie kann sich Paulus auf seine Wundertaten berufen? Der leidende und schwache Apostel kann doch unmöglich auch Wundertäter und Charismatiker im üblichen Sinne des Wortes gewesen sein.“[4] Wie fügen sich die wenigen, aber doch gewichtigen Hinweise auf Wundertaten in den großen Zusammenhang paulinischer Theologie?

Kann sich ein Prophet durch Zeichen und Wunder ausweisen, so wird ihm aufmerksames Gehör geschenkt und Vertrauen entgegengebracht, dass er von Gott gesandt ist. Dieses Verständnis wie es in den alttestamentlichen Schriften vorgezeichnet ist, wird vom frühen Christentum übernommen. Die Wortverbindung findet sich im Neuen Testament an 16 Stellen, in der Briefliteratur wie auch in den Evangelien.[5] Die Jesus Christus eigene Vollmacht wurde von seinen Hörern erfahren „in außergewöhnlichen Ereignissen, die als ‚Zeichen und Wunder‘, als Vergegenwärtigung von Gott kommender Geschehnisse gedeutet wurde“.[6] Und in der Apostelgeschichte deutet der wiederholte Hinweis auf Zeichen und Wunder auf die in den Machttaten im Leben der Gemeinde erfahrene Wirksamkeit des erhöhten Christus“ (Apg 2,43; 4,30; 5,12; 6,8; 14,3; 15,12).[7] In Zeichen und Wundern wird das gegenwärtige Wirken des Geistes Gottes spürbar erlebt und die Wahrheit der verkündigten Botschaft unterstrichen. Indem das Neue Testament an die prophetische Tradition anknüpft, dass ein Gottesbote durch Zeichen und Wunder legitimiert wird, sollen die vor aller Augen geschehenen Krafttaten die Erfahrung unmittelbarer göttlicher Gegenwart bezeugen.[8]

Hinweise auf geschehene Zeichen und Wunder werden daher in eine breite Vielfalt von außergewöhnlichen Geschehnissen eingeordnet, denen jeweils betroffene Aufmerksamkeit erwiesen wird. Dabei werden gegebene Zeichen dahin verstanden, dass sie auf von Gott gewirktes Geschehen Bezug nehmen. Und die Verknüpfung der Wunder mit dem Wort „Zeichen“ hebt hervor, dass das jeweilige wunderbare Ereignis darauf hinweisen soll, von Gott gewirktem Geschehen die geschuldete Achtung und Aufmerksamkeit zuzuwenden.[9]

Indem der Apostel Paulus – fast beiläufig, aber doch deutlich – geltend macht, dass seine Wirksamkeit und Verkündigung von „Zeichen und Wundern“ begleitet wurde, nimmt er in Anspruch, in keiner Weise hinter anderen Gottesboten zurückzustehen, sondern durch die Zeichen des Apostels hinreichend legitimiert zu sein (Röm 15,19; 2Kor 12,12; ferner Hebr 2,4). Damit reiht sich Paulus auf der einen Seite in der Gemeinschaft bevollmächtigter Boten und Prediger ein. Auf der anderen Seite aber macht er durch den Kontext, in dem sich diese Hinweise jeweils finden, deutlich, wie er diesen von ihm geltend gemachten Ausweis seiner ihn bevollmächtigenden Berufung beurteilt. Doch ehe dieses dem Apostel eigene genauere Verständnis zu erheben ist, sei der Blick zunächst auf die Apostelgeschichte gerichtet, die wiederholt von Wundertaten erzählt, die Paulus an verschiedenen Orten verrichtet hat. Dabei ist darauf zu achten, welche Bedeutung diesen Zeichen und Wundern im Zusammenhang der Apostelgeschichte zuerkannt wird.

15.2 Wie an einem roten Faden durchzieht eine Kette Staunen hervorrufender Wundertaten die Darstellung, die die *Apostelgeschichte* von der Wirksamkeit des Paulus gibt. War schon die im ersten Teil des Buches geschilderte Tätigkeit und Verkündigung der Urapostel und vor allem des Petrus von Aufsehen erregenden Wundertaten begleitet, so setzen sich diese Begebenheiten in gleicher Weise auf den Missionsreisen des Paulus fort.

Auf der Insel Zypern spricht Paulus ein wirkmächtiges Wort, durch das der Zauberer und falsche Prophet Elymas das Augenlicht verliert und erblindet (Apg 13,4–12). In Lystra wird ein Lahmer geheilt, so dass er aufspringt und umhergeht. Die umstehenden Zeugen sind so beeindruckt, dass sie meinen, in den Aposteln Barnabas und Paulus seien Götter auf die Erde gekommen, so dass sie voller Ehrfurcht Barnabas Zeus und Paulus Hermes nennen (Apg 14,8–18). In Philippi wird eine Magd, die von einem wahrsagenden Geist geknechtet wurde, von diesem befreit und geheilt (Apg 16,16–18). Auf das Befehlswort des Paulus hin musste der böse Geist gehorchen und das Feld räumen. Auch in Ephesus wird ein Kampf gegen böse Geister siegreich bestanden (Apg 19,11–16). Und in Troas hatte ein junger Mann namens Eutychus auf der Fensterbrüstung im dritten Stock des Hauses, in dem Paulus eine lange Rede hielt, gesessen. Als er in Schlaf gefallen und hinuntergestürzt war, geht Paulus sogleich zu ihm und sagt: „Regt euch nicht auf, denn seine Seele ist in ihm." (Apg 20,7–10) Dem Vorbild der alttestamentlichen Propheten Elia und Elisa folgend, vermochte auch Paulus einen Toten wieder zum Leben erwecken. Dadurch tat er es Petrus gleich, dem ebenfalls eine Totenerweckung zugeschrieben wurde (Apg 9,36–43).

Als Paulus schließlich aus erlittenem Schiffbruch auf die Insel Malta gerettet worden war, wird er von einer Schlange gebissen; doch der Biss bewirkt zum Erstaunen der umstehenden Betrachter keinen Schaden. An diese Begebenheit schließt sich eine letzte Heilungsgeschichte unmittelbar an: Durch Gebet und Handauflegung heilt Paulus den schwer erkrankten Vater des reichen Römers Publius (Apg 28,3–6.7f.). Auch andere Kranke der Insel kamen herbei und ließen sich gesund machen (Apg 28,9).

Die lange Folge von Heilungs- und Wundergeschichten entspricht durchaus verbreiteten Vorstellungen in der hellenistischen Umwelt, nach denen von manchen Wundertätern berichtet wurde, dass sie zu außerordentlichen Taten fähig waren.[10] Die

Wundertaten will der Verfasser der Apostelgeschichte als Erscheinungen verstanden wissen, die durch den Geist Gottes bewirkt wurden. Darum wird gleich zu Anfang des Buches auf die Wunder bewirkende Kraft des Geistes hingewiesen, durch den die Verkündigung der Gottesboten vor aller Augen kraftvoll bestätigt wird (Apg 1,8). „Der Geist drückt sich als δύναμις *dynamis* aus, als die mirakulöse Kraft in Wunder und Wort."[11] „Der Wunderbeweis ist [daher] für die lukanische Christologie von konstitutiver Bedeutung."[12]

Die große Zahl von Wundergeschichten, die sich in der Darstellung der Apostelgeschichte finden, weist darauf hin, dass Anfänge und Ausbreitung der Kirche durch die Kraft des wirkmächtigen Geistes Gottes ihren Lauf genommen haben.[13] „Im wirkmächtigen Handeln durch Paulus erweist sich Gott als gegenwärtig und die zu verkündende Botschaft als wahr."[14]

Petrus und Paulus handeln als souveräne Gottesmänner, deren kraftvolle Verkündigung durch keinen Widerstand oder Widerspruch aufgehalten werden kann. Darum werden auch in den Summarien, mit denen immer wieder die Anfänge der Kirche zusammenfassend dargestellt werden, stets Wundertaten mit Betonung genannt. Von der Urgemeinde in Jerusalem wird nicht nur berichtet, dass ihre Glieder „beständig blieben in der Lehre der Apostel und in der Gemeinschaft und im Brotbrechen und im Gebet", sondern es wird auch hervorgehoben, „dass viele Wunder und Zeichen durch die Apostel geschahen" (Apg 2,42f.). Von diesem wunderhaften Geschehen wird dann in vielen Wiederholungen bestätigend gesprochen: „Es geschahen aber viele Zeichen und Wunder im Volk durch die Hände der Apostel." (Apg 5,12) Auch Stephanus tat „voll Gnade und Kraft Wunder und große Zeichen unter dem Volk" (Apg 6,8). Und das Wirken des Philippus in Samaria ist begleitet „von Zeichen, die er tat" (Apg 8,6).[15]

Indem häufig auf Zeichen und Wunder aufmerksam gemacht wird, die den Weg der ersten Zeugen begleiten, soll gezeigt werden, „wer es ist, der durch die Apostel handelt und redet".[16] Wenngleich ein leicht triumphalistischer Ton in der Darstellung der Apostelgeschichte angeschlagen wird, so bleiben doch die Wundertaten stets auf die Verkündigung des Evangeliums bezogen, indem sie der christlichen Predigt überzeugende Kraft verleihen. Die Botschaft aber ist konzentriert auf das Christuszeugnis, das den Gekreuzigten und Auferstandenen als den Kyrios proklamiert.

Weil die Wunder, von denen der Verfasser der Apostelgeschichte berichtet, von bloßen Mirakeln unterschieden werden sollen, stellt er den Taten der Gottesboten die Taten von bloßen Zauberern kritisch gegenüber. Der Zauberer Simon hatte versucht, es den Aposteln gleichzutun und Macht auszuüben durch Auflegung der Hände, durch die der Geist verliehen werden sollte. Doch sein Angebot, ihm um Geldes willen diese Fähigkeit zukommen zu lassen, wird schroff zurückgewiesen und ein für alle Mal abgelehnt. Gegenüber dieser Entschiedenheit muss Simon die Segel streichen und am Ende demütig darum bitten: „Bittet für mich, dass nichts von dem über mich komme, was ihr gesagt habt." (Apg 8,18–24)

Die Taten der Apostel weisen als Zeichen darauf hin, dass die Kraft Gottes im vollmächtigen Christuszeugnis zur Wirkung kommt und glaubende Annahme bei den Hörern der Botschaft weckt.[17] Die Leser der Apostelgeschichte sollen daher keinesfalls übersehen, in welcher Kraft das Evangelium seinen Lauf durch die Welt nahm und weiter nehmen wird. Indem die Predigten der Gottesboten durch die Kraft des wirksamen Geistes Gottes beglaubigt werden, wird heilsgeschichtliche Kontinuität hergestellt: vom Heilandswirken Jesu über die Taten der Urapostel bis zum kraftvollen Wirken des Paulus. Der erhöhte Herr wirkt durch seine Zeugen, so dass die heilschaffende Wirklichkeit vom Geist geweckten Lebens „in der Botschaft gehört und in den Wundern gesehen werden kann".[18]

Petrus und Paulus stehen in dieser Hinsicht auf gleicher Stufe. Von der Kraft des heiligen Geistes erfüllt, haben die Zeugen die ihnen aufgetragene Botschaft in Jerusalem, in ganz Judäa und Samarien bis an das Ende der Welt ausgerichtet. (Apg 1,8)[19] Durch die von Gott gewirkten Wundertaten wurde überall ihre Verkündigung mit Nachdruck bekräftigt und vor aller Augen beglaubigt – bis hin nach Rom, zur Hauptstadt des weltumspannenden Römischen Reiches. Zwar als Gefangener, aber doch als bevollmächtigter Bote konnte Paulus auch dort das Reich Gottes verkündigen und vom Herrn Jesus Christus lehren – mit allem Freimut ungehindert (Apg 28,31).

15.3 In den beiden kurzen Bemerkungen, mit denen der Apostel Paulus auf Wundertaten Bezug nimmt, bedient er sich geläufiger Ausdrucksweise, wie sie sich in vergleichbarer Art auch in den Berichten der Apostelgeschichte findet: Von *„Zeichen und Wundern“* ist die Rede, von „Krafterweisen“, die von Gott gewirkt wurden. Heißt es Röm 15,18, Christus habe durch den Apostel gewirkt, um Gehorsam der Heidenvölker zu wecken durch Wort und Werk, so soll 2Kor 12,12 das „Passivum divinum“ (κατειργάσθη *kateirgasthē*) auf Gottes kraftvolles Handeln hinweisen.[20] Den Worten des Apostels ist zu entnehmen, dass er hinsichtlich Faktizität der Zeichen und Wunder keinen Zweifel äußert.

Nirgendwo schildert Paulus des Näheren eine dieser Begebenheiten; nur davon ist die Rede, dass sie sich zugetragen haben. Dabei legt der Ausdruck „Zeichen des Apostels“ die Annahme nahe, dass Paulus diese Bezeichnung nicht selbst gebildet, sondern der Sprache seiner Kritiker und Gegner entnommen hat.[21] Mögen sie höhnisch behaupten, im Blick auf vorzuweisende Wundertaten stehe Paulus hinter ihnen weit zurück, so schiebt dieser gleichsam mit einer mürrischen Handbewegung solche Verleumdung beiseite. Wenn man schon nach einer solchen Legitimation fragen wollte, dann kann er es mit ihnen durchaus aufnehmen. Aber die Zurückhaltung, die der Apostel wahrt, lässt erkennen, dass zwar auch er von Zeichen und Wundern zu reden vermag, die man hier und da als Legitimation der einem Gottesmann gegebenen Autorität bewertete. Doch der Auftrag zur Verkündigung des Evangeliums ist ihm nicht durch Wundertaten, sondern durch unmittelbare göttliche Berufung zuteil geworden, deren zwingender Gewalt er sich zu beugen und allezeit zu folgen hatte (Röm 1,1–7; 1Kor 9,16–18 u. a.).

Mit Wort und Tat hat Paulus seinen Auftrag erfüllt. Das eine wie das andere kann er geltend machen – aber nicht mit einem Gefühl stolzer Überlegenheit. Verstand sich der Apostel doch – im schroffen Gegensatz zu jenen „Überaposteln“ (2Kor 12,11) – nicht als kraftvolle Erscheinung eines „göttlichen Menschen“ (2Kor 12,12).[22] Vielmehr war und blieb er sich in seinem Wirken stets seiner Schwachheit bewusst, die auch der Kyrios nicht hatte aufheben wollen (2Kor 12,1–10). Deshalb bedurfte es „vieler Geduld“ bei der Verkündigung der frohen Botschaft, die „unter schwierigen Verhältnissen" ausgerichtet werden musste.[23] Jede Art von Triumphalismus ist daher Paulus fern.[24] Allein Gottes Handeln war und blieb Ursache und Grund der Kraft.[25]

Weil Juden nach Zeichen verlangen und Griechen nach Weisheit suchen, bereitet die Verkündigung des gekreuzigten Christus den Juden ein Ärgernis und ist sie für die Griechen eine Torheit (1Kor 1,22f.). Mögen sich auch Zeichen und Wunder zugetragen haben, so kommt ihnen doch nur nebengeordneter Rang zu. Denn auch diese Begebenheiten weisen auf die Kraft des gepredigten Wortes, des Wortes vom Kreuz hin, dem allein von Gottes Kraft gewirkte Rettung zu verdanken ist (1Kor 1,18). Der Apostel lässt darum nicht die geringsten Zweifel, in welcher Rangordnung einerseits das gepredigte Wort und andererseits wunderhaftes Geschehen zueinander stehen.[26]

Paulus rechnet „Wunder zu den selbstverständlichen Begleiterscheinungen seines Apostelwirkens".[27] Die Fähigkeit, Heilungen zu bewirken, kann er unter den vom Geist geschenkten Charismen aufführen, die in der Gemeinde ihren Ort haben (1Kor 12,28). Als Wirkungen des Geistes haben sie mit Werken des Gesetzes nichts zu schaffen, vielmehr erwachsen sie aus dem Hören des Glaubens (Gal 3,5).

Gottes Kraft ist durch die Verkündigung des Evangeliums am Werk. Darum setzt Paulus auffallend häufig zum Wort δύναμις *dynamis* den Genitiv θεοῦ *theou* (Röm 1,16; 1Kor 1,18; 2,4; 6,14; 2Kor 6,7 u. ö.) bzw. Χριστοῦ *Christou* (2Kor 12,9) hinzu. Denn die Kraft, die bei den Hörern glaubende Annahme des ihnen zugesprochenen Wortes bewirkt, kommt von Gott bzw. von Christus. Im Rückblick auf den Anfang seines Wirkens in Thessalonich weist Paulus ausdrücklich darauf hin: „Denn unsere Predigt des Evangeliums kam zu euch nicht allein im Wort, sondern auch in der Kraft und in dem heiligen Geist und in großer Gewissheit." (1Thess 1,5)

Während die Apostelgeschichte in einiger Ausführlichkeit von Zeichen und Wundern spricht und diese Begebenheiten als Hinweise auf das Wirken des Geistes versteht, sagt Paulus nur wenige Worte. Wie bei den anderen Aposteln ist auch seine Verkündigung von Zeichen und Wundern begleitet (Mk 16,17; 1Thess 1,5; 1Kor 2,4; 2Kor 12,12; Röm 15,19). Doch seine Legitimation wird nicht von ihnen abhängig gemacht. Seine Person tritt ganz hinter der unvergleichlichen Botschaft zurück, die er zu Gehör zu bringen hat. Gilt es doch, nicht sich selbst zu verkündigen, sondern allein Jesus Christus, dass er der Kyrios sei (2Kor 4,5).

Zeichen und Wunder dürfen nach dem Urteil des Apostels unter keinen Umständen einer „theologia gloriae" zugeordnet oder dienstbar gemacht werden.[28] Werden Wunder und Zeichen in der Reihe der in der Gemeinde wirksamen Charismen erwähnt, so sind sie in keiner Weise als von Menschen erbrachte Leistungen, sondern allein als Gaben des Geistes begriffen. Ihre Bedeutung liegt darin, dass sie „den verkündeten Inhalt des Evangeliums erfahrbar" machen.[29] Betrifft doch die frohe Botschaft den ganzen Menschen mit Leib, Seele und Geist.

Der aufrichtende und tröstende Zuspruch des Kyrios verleiht dem schwachen Apostel die Kraft zur Verrichtung seines Dienstes, „so dass auch für die Wunder des Paulus die *theologia crucis* den Bezugsrahmen darstellt".[30] Darum liegt es Paulus gänzlich fern, sich seiner selbst zu rühmen, ist es doch Christus, der durch den Apostel am Werk ist: „ut haec gloriatio mea etiam apud Deum valeat".[31]

Anmerkungen

1 Vgl. E. Lohse, „In der Kraft von Zeichen und Wundern" (Röm 15,19) - Wunder im Urteil des Apostels Paulus, in: Paulus und seine Wirkung, Festschrift für A. Lindemann, Tübingen 2013, 225–234.

2 Vgl. H. Windisch, Der zweite Korintherbrief, Göttingen [6]1970, 397.

3 Außer auf neueste Kommentare ist dabei vor allem auf folgende Arbeiten hinzuweisen: J. Jervell, Der schwache Charismatiker, in: Rechtfertigung. Festschrift für E. Käsemann, Tübingen/Göttingen 1976, 185–198; Ders., Zeichen des Apostels. Die Wunder beim lukanischen und paulinischen Paulus, SNTU.A 4 (1979), 54–75; Ders., Paulus in der Apostelgeschichte und die Geschichte des Urchristentums, NTS 32 (1986), 378–392; Ders., Die Apostelgeschichte, Göttingen 1998; W. Weiss, Zeichen und Wunder. Eine Studie zu der Sprachtradition und ihrer Verwendung im Neuen Testament, WMANT 67, Neukirchen 1995; S. Schreiber, Paulus als Wundertäter, BZNW 79, Berlin 1996; B. Kollmann, Paulus als Wundertäter, in: Paulinische Christologie. Festschrift H. Hübner, Göttingen 2000,

76–96; S. Alkier, Wunder und Wirklichkeit in den Briefen des Apostels Paulus, WUNT I/134, Tübingen 2001.

4 Vgl. Jervell, Charismatiker, 188.

5 Vgl. Weiss, Zeichen und Wunder, 46.

6 Vgl. Weiss, ebd.

7 Vgl. F. Stolz, Zeichen und Wunder. Die prophetische Legitimation und ihre Geschichte, ZThK 69 (1972), 125–144.143.

8 Vgl. Stolz, a. a. O., 144: „Für den urchristlichen Traditionsstrom, der sich in den Schriften von Paulus und Lukas niedergeschlagen hat, bezeichnen die ‚Zeichen und Wunder' wieder die unmittelbare Erfahrung göttlicher Gegenwart."

9 Vgl. S. Alkier, Art. Wunder III, Neues Testament, RGG[4] VIII (2005), 1718–1722. Vgl. o. S. 11.

10 Vgl. die Beispielsammlung von G. Delling, Antike Wundertexte, KlT 79, Berlin [2]1960.

11 Vgl. Jervell, Apostelgeschichte, 115.

12 Vgl. H. Conzelmann, Die Apostelgeschichte, Tübingen [2]1972, 35.

13 Vgl. Jervell, Apostelgeschichte, 115 mit Hinweis auf Lk 1,17.35; 4,14.18,23; 5,17; 6,19; Apg 2,17ff.; 10,38 sowie Apg 2,32f.; 3,12ff.; 4,7.33; 6,8; 10,38; 19,11.

14 Vgl. Schreiber, Wundertäter, 61.

15 Vgl. weiter Apg 14,3; 15,12; 19,11; 28,9.

16 Vgl. Jervell, Apostelgeschichte, 188.

17 Vgl. Jervell, a. a. O., 260.

18 Vgl. Schreiber, Wundertäter, 145.

19 Vgl. Schreiber, a. a. O., 83.

20 Zum Passivum divinum vgl. J. Jeremias, NT Theologie I, [3]1979, 20–24.

21 Vgl. H. Lietzmann / W. G. Kümmel, An die Korinther, Tübingen [2]1949, 213; Weiss, Zeichen, 48; Kollmann, Wundergeschichten, 80.

22 Vgl. R. Bultmann, Der zweite Brief an die Korinther, Göttingen 1976, 233f.

23 Vgl. Lietzmann, Korinther, 234 sowie Bultmann, Korinther, 234.

24 Vgl. C. Wolff, Der zweite Brief des Paulus an die Korinther, Berlin 1989, 253.

25 Vgl. Weiss, Zeichen, 55.

26 Vgl. G. Friedrich, ThWB II, 705–735.717: „εὐαγγελίζεσθαι ist nicht nur Reden und Predigen, sondern ein Verkünden in Vollmacht und Kraft. Zeichen und Wunder begleiten die Evangeliumsbotschaft, sie gehören zusammen; denn das Wort ist wirkungskräftig." Vgl. ferner Schreiber, Wundertäter, 266 mit Hinweis, dass Paulus 1Thess 1,5 „von der Wundermächtigkeit des Wortes" spricht.

27 Vgl. Kollmann, Wundertäter, 83.

28 Vgl. Alkier, Wunder, 279.

29 Vgl. Kollmann, a. a. O., 95.

30 Vgl. Kollmann, Wundertäter, 82 sowie 96: „Der uneingeschränkt im Zentrum stehende Verkündigungsauftrag drängt die Wunder an die Peripherie und fasst sie zu theologischen Randphänomenen zusammen."

31 Vgl. M. Luther zu Röm 15,18f. in den Vorlesungen über den Römerbrief 1515/16, lateinisch-deutsche Ausgabe Bd. II, Darmstadt 1960, 436f.

Übersicht über die Wundergeschichten in den synoptischen Evangelien

Markusevangelium:

1,21–28 Par.:	Heilung eines Besessenen mit unreinem Geist (S. 78f.)
1,29–31 Par.:	Heilung der Schwiegermutter des Petrus (S. 65)
1,40–45 Par.:	Heilung eines Aussätzigen (S. 65f.)
2,1–12 Par.:	Heilung eines Gichtbrüchigen (S. 66f.)
3,1–6 Par.:	Heilung einer verdorrten Hand am Sabbat (S. 67f.)
4,35–41 Par.:	Stillung eines Sturmes (S. 103)
5,1–20 Par.	Heilung eines Besessenen aus Gerasa (S. 79f.)
5,21–43 Par.:	Heilung einer blutflüssigen Frau und Auferweckung der verstorbenen Tochter des Jairus (S. 46, 68f., 96)
6,34–44 Par.:	Speisung der Fünftausend (S. 106f.)
6,45–52 Par.:	Wandel auf dem See (S. 105f.)
7,24–30 Par.:	Heilung eines syrophönizischen Mädchens (S. 81)
7,31–37:	Heilung eines Taubstummen (S. 68f.)
8,1–9 Par.:	Speisung der Viertausend (S. 106f.)
8,22–26 Par.:	Der Blinde von Betsaida (S. 89)
9,14–29 Par.:	Heilung eines epileptischen Knaben (S. 47f., 82)
9,38–41 Par.:	Der fremde Exorzist (S. 83)
10,46–52 Par.:	Heilung des blinden Bartimäus (S. 89f.)
11,12–14. 20–22 Par.:	Verfluchung eines Feigenbaumes (S. 107f.)

Matthäusevangelium:

8,5–13:	Der Hauptmann von Kapernaum (S. 70)
9,27–31:	Heilung von zwei Blinden (S. 89)
9,32–34:	Heilung eines taubstummen Besessenen (S. 27)

12,22–24: Falsches und rechtes Verständnis von Dämonenaustreibungen (S. 82f.)
17,24–27: Die Münze im Fischmaul (S. 109)

Lukasevangelium:
5,1–11: Der Fischzug des Petrus (S. 108)
7,11–17: Der Jüngling zu Nain (S. 97f.)
13,10–17: Heilung einer verkrümmten Frau (S. 71)
14,1–6: Heilung eines Wassersüchtigen (S. 71)
17,11–19: Heilung von zehn Aussätzigen (S. 71f.)

Literaturverzeichnis*

Alkier, S., Wunder und Wirklichkeit in den Briefen des Apostels Paulus, WUNT I, 134, Tübingen 2001

Aus, R. D., My Name is „Legion“, Palestinian Judaic Tradition in Mark 5,1–20 and other Gospel Texts, Lanham/USA 1984

Baltensweiler, H., Wunder und Glaube im Neuen Testament, ThZ 23 (1967), 241–256

Bammel, E., John did no miracle, in: C. F. D. Moule (ed.), Miracles, London 1965, 179–202

Barrett, C. K., The New Testament Background, Selected Documents, London 1956 = Die Umwelt des Neuen Testaments, WUNT 4, Tübingen 1959

Barth, G., Glaube und Zweifel in den synoptischen Evangelien, ZThK 72 (1975), 269–292

Bauernfeind, O., Die Worte der Dämonen im Markusevangelium, BWANT III, 8, Stuttgart 1927

Becker, J., Wunder und Christologie, NTS 16 (1969/70), 130–148

Becker, M., Wunder und Wundertäter im frührabbinischen Judentum, WUNT II, 144, Tübingen 2002

Bendemann, R. v., „Christus Medicus“. Die Krankheiten in den neutestamentlichen Heilungserzählungen, Neukirchen 2002

Ders. / Neumann, J. N., Krankheit und Gesundheit/Lebenserwartung, in: K. Scherberich (Hg.), Neues Testament und antike Kultur, Bd. 2, Familie – Gesellschaft – Wirtschaft, Neukirchen 2005, 64–68

Dies., Antike Medizin, ebd., 215–222

Ders., Christus der Arzt. Krankheitskonzepte in den Therapieerzählungen des Markusevangeliums, in: Ders., Heilige Krankheit? Epilepsie im Spannungsfeld physiologisch-sozialer und religiöser Deutungen im Neuen Testament und im rabbinischen Judentum, in: Gesundheit, Festschrift für W. Schrage, 2008, 11–44

Berger, K., Die königlichen Messiastraditionen des Neuen Testaments, NTS 20 (1973/74), 1–44

Ders., Formgeschichte des Neuen Testaments, Heidelberg 1984

Billerbeck, P., Kommentar zum Neuen Testament aus Talmud und Midrasch, 4 Bände, München 1922–1928

---

* Lexikonartikel und Kommentare zum Neuen Testament sind nicht in diese Übersicht aufgenommen worden, da sie unschwer aufzufinden sind.

Binder, H., Der Glaube bei Paulus, Berlin 1968

Blackburn, R., Theios Aner and the Markan Miracle Tradition, WUNT II, 40, Tübingen 1991

Bornkamm, G. (Hg.), Überlieferung und Auslegung im Matthäusevangelium, WMANT 1, Neukirchen 1964, [2]1971

Ders., Enderwartung und Kirche im Matthäusevangelium, ebd., 13–47

Ders., Die Sturmstillung im Matthäusevangelium, ebd., 48–53

Bornkamm, K., Wunder und Zeugnis, SGV 251/252, Tübingen 1968

Bultmann, R., Jesus, Tübingen 1926/1951

Ders., Die Geschichte der synoptischen Tradition, FRLANT NF 1, Göttingen [2]1931, [7]1967

Ders., Zur Frage des Wunders, in: Glauben und Verstehen I, Tübingen [2]1954, 214–228

Ders., Theologie des Neuen Testaments, Tübingen [9]1984

Burger, C., Jesus als Davidssohn. Eine traditionsgeschichtliche Untersuchung, FRLANT 78, Göttingen 1970

Buse, J., John 5,8 and Johannine-Markan Relationships, NTS 1 (1954/55), 134–136

Busse, U., Die Wunder des Propheten Jesus – Die Rezeption und Interpretation der Wundergeschichten im Evangelium des Lukas, FzB 24, Stuttgart 1977

Charlesworth, J. H. (ed.), The Messiah Developments in Earliest Judaism and Christianity, Minneapolis 1984

Conzelmann, H., Die Mitte der Zeit. Studien zur Theologie des Lukas, BHTh 17, Tübingen 1954 ([7]1993)

Ders., Zur Methode der Leben-Jesu-Forschung, in: Theologie als Schriftauslegung. Aufsätze zum Neuen Testament, BEvTh 6, München 1974, 18–29

Delling, G., Antike Wundertexte, KIT 79, Berlin [2]1960

Ders., Studien zum Neuen Testament und zum hellenistischen Judentum. Gesammelte Aufsätze 1950–1968, Berlin/Göttingen 1970, darin: Zur Beurteilung des Wunders durch die Antike, 53–71; Wunder – Allegorie – Mythus bei Philo von Alexandrien, 72–129; Josephus und das Wunderbare, 130–144; Das Verständnis des Wunders im Neuen Testament, 146–159

Dibelius, M., Die Formgeschichte des Evangeliums, Tübingen [5]1966

Dodd, C. H., The Interpretation of the Fourth Gospel, Cambridge 1953

Ebeling, G., Jesus und Glaube, in: Wort und Glaube, Tübingen [3]1967, 201–254

Fiebig, P., Jüdische Wundergeschichten im neutestamentlichen Zeitalter, Tübingen 1911

Fowler, R. M., Loaves and Fishes. The Function of the Feeding Stories in the Gospel of Marc, Chicago 1981

Fridrichsen, A., Le problème du miracle dans le Christianisme primtif, EHPhR 12, Strasbourg/Paris 1925

Fuchs, E., Jesus und der Glaube. Gesammelte Aufsätze II, Tübingen 1960, 238–257

Fuller, R. H., Interpreting the Miracles, London 1966

Ders., Die Wunder Jesu in Exegese und Verkündigung, Düsseldorf 1967

Gerhardsson, B., Memory and Manuscript. Oral Tradition and Written Transmission in Rabbinic Judaism and Early Christianity, ASN XXII, Uppsala 1961

Ders., The Mighty Acts of Jesus according to Matthew, Lund 1975

George, A., Le miracle dans l'oeuvre de Luc, in: X. Léon-Dufour (ed.), Les miracles de Jésus, Paris 1977, 249–268

Glasswill, M. E., The Use of Miracles in the Markan Gospel, in: C. F. D. Moule (ed.), Miracles, London 1965, 149–162

Glöckner, R., Neutestamentliche Wundergeschichten und das Lob der Wundertaten Gottes in den Psalmen, Walberger Studien der Albertus Magnus Akademie, Theolog. Reihe 13, 1983

Goppelt, L., Theologie des Neuen Testaments I, Göttingen 1975

Greive, W., Jesus und Glaube, KuD 23 (1976), 163–180

Guttmann, A., The Significance of Miracles for Talmudic Judaism, HUCA 20 (1947), 363–406

Haenchen, E., Die Botschaft des Thomasevangeliums, Berlin 1961

Ders., Johanneische Probleme, in: Gott und Mensch, Gesammelte Aufsätze, Tübingen 1965, 78–161

Hahn, F., Christologische Hoheitstitel. Ihre Geschichte im frühen Christentum, FRLANT 83, Göttingen 1963 (^{5}1995)

Hegermann, H., Bethsaida und Gennesar – Eine traditionsgeschichtliche Studie zu Mc. 4–8, in: Judentum – Urchristentum – Kirche. Festschrift für J. Jeremias, BZNW 26, Berlin 1960 (^{2}1964), 130–140

Held, H. J., Matthäus als Interpret der Wundergeschichten, in: G. Bornkamm (Hg.), Überlieferung und Auslegung im Matthäusevangelium, WMANT 1, Neukirchen 1960 (^{4}1965), 155–287

Herzog, R., Die Wundergeschichten von Epidaurus, Leipzig 1931

Hruby, K., Perspectives Rabbiniques sur le Miracle, in: X. Léon-Dufour (ed.), Les miracles du Jésus, Paris 1977, 73–94

Hüneburg, M., Jesus als Wundertäter in der Logienquelle, Arbeiten zur Bibel 4, Leipzig 2001

Hummel, R., Die Auseinandersetzung zwischen Kirche und Judentum im Matthäusevangelium, BEvTh 33, München ^{2}1966

Jeremias, J., Jesus als Weltvollender, Berlin 1930

Ders., Johanneische Literarkritik, ThBl 20 (1941), 33–46

Ders., Die Gleichnisse Jesu, Zürich 1947, Göttingen ^{11}1998

Ders., Neutestamentliche Theologie I, Die Verkündigung Jesu, Gütersloh 1971, [3]1979

Jonas, H., Der Kampf um die Möglichkeit des Glaubens, in: Gedenken an Rudolf Bultmann, Tübingen 1977, 41–70

Käsemann, E., Das Problem des historischen Jesus, in: Exegetische Versuche und Besinnungen I, Göttingen 1960 ([5]1967), 187–223

Ders., Zum Thema der Nichtobjektivierbarkeit, ebd., 224–236

Ders., Jesu letzter Wille nach Johannes 17, Tübingen 1966

Kahl, W., New Testament Miracle Stories in their Religious-Historical Setting, FRLANT 163, Göttingen 1994

Kallas, J., The Significance of Synoptic Miracles, London 1961

Kee, H. C., The Terminology of Mark's Exorcism Stories, NTS 14 (1967/68), 232–246

Kertelge, K., Die Wunder Jesu im Markusevangelium. Eine redaktionsgeschichtliche Untersuchung, StANT 23, München 1970

Ders., Die Wunder Jesu in der neueren Exegese, Theolog. Berichte 5, Zürich 1976, 71–105

Klein, G., Wunderglaube und Neues Testament, in: Ärgernisse, Konfrontationen mit dem Neuen Testament, München 1970, 13–57

Koch, D.-A., Die Bedeutung der Wundergeschichten für die Christologie des Markusevangeliums, BZNW 42, Berlin 1975

Köhnlein, M., Wunder Jesu – Protest- und Hoffnungsgeschichten, Stuttgart 2009

Kollmann, B., Jesus und die Christen als Wundertäter, FRLANT 170, Göttingen 1996

Ders., Neutestamentliche Wundergeschichten, Stuttgart 2002 ([3]2011)

Kuhn, H. W., Ältere Sammlungen im Markusevangelium, StUNT 8, Göttingen 1970

Lambert, A., Sueton. Leben der Caesaren, Hamburg 1960

Lampe, G. W. H., Miracle in the Acts of Apostles, in: C. F. D. Moule (ed.), Miracles, London 1965, 163–178

Latourelle, R., The Miracles of Jesus and the Theology of Miracles, New York 1988

Léon-Dufour, X. (Hg.), Les miracles du Jésus, Paris 1977

Ders., Les miracles de Jésus selon Jean, ebd., 269–286

Lindemann, A., Die Wundergeschichte Markus 9,14–29, in: Bethel-Beiträge 38, Bielefeld 1988, 130–140

Ders., Wunder und Wirklichkeit. Anmerkungen zur gegenwärtigen exegetischen Diskussion über die Hermeneutik neutestamentlicher Wundererzählungen, WuD 27, Bethel/Bielefeld 2003, 179–200

Lohmeyer, E., Gottesknecht und Davidssohn, FRLANT 43, Göttingen [2]1953

Lohse, E., Die Einheit des Neuen Testaments. Exegetische Studien zur Theologie des Neuen Testaments, Göttingen 1973, darin: Lukas als Theologe der Heilsgeschichte, 145–164; Jesu Worte über den Sabbat, 62–72

Ders., Die Vielfalt des Neuen Testaments, Göttingen 1982, darin: Miracles in the Fourth Gospel, 45–56; Wunder und Glaube, ebd., 29–44

Ders., Der Sohn Davids als Helfer und Retter, in: Festschrift K. Haacker, Logos - Logik - Lyrik, Arbeiten zur Bibel und ihrer Geschichte, Leipzig 2007, 297–304

Ders., Christuskerygma und Verkündigung Jesu im Markusevangelium, ZNW 101 (2010), 204–222

Ders., Von einen Evangelium zu den vier Evangelien. Zu den Anfängen urchristlicher Literatur, in: Studien zu Geschichte, Theologie und Wissenschaftsgeschichte, hg. von der Akademie der Wissenschaften zu Göttingen Bd. 18, Göttingen 2012, 53–76

Loos, H. v. d., The Miracles of Jesus, Suppl. to NT 9, Leiden 1965

Lührmann, D., Pistis im Judentum, ZNW 64 (1973), 19–38

Ders., Glaube im frühen Christentum, Gütersloh 1976

Luz, U., Das Geheimnismotiv und die urchristliche Christologie, ZNW 56 (1965), 9–30

Mendner, S., Zum Problem Johannes und die Synoptiker, NTS 4 (1957/58), 282–307

Moule, C. F. D. (ed.), Miracles of Jesus, London 1965

Montefiore, H., The Miracles of Jesus, London 2005

Mußner, F., Die Wunder Jesu, München 1967

Perels, O., Die Wunderüberlieferung der Synoptiker in ihrem Verhältnis zur Wortüberlieferung, BWANT IV, 12, Stuttgart 1934

Perrin, N., Was lehrte Jesus wirklich?, Göttingen 1967

Pesch, R., Zur theologischen Bedeutung der Machttaten Jesu, ThQ 152 (1972), 203–213.214–223

Petzke, G., Historizität und Bedeutsamkeit von Wundergeschichten. Möglichkeiten und Grenzen des religionsgeschichtlichen Vergleichs, in: Festschrift H. Braun, Neues Testament und christliche Existenz, Tübingen 1973, 367–385

Ders., Die historische Frage nach den Wundertaten Jesu, NTS 27 (1975/76), 180–204

Pichler, J. / Heil, C. (Hgg.), Heilungen und Wunder. Theologische, Historische und Medizinische Zugänge, Darmstadt 2007

Pokorný, P. / Heckel, U., Einleitung in das Neue Testament, Tübingen 2007

Rad, G. v., Theologie des Alten Testaments II, München 1965

Rahner, H., Griechische Mythen in christlicher Deutung, Herder-Spektrum, Freiburg 1984

Reiser, W., Taten und Wunder Jesu, Basel 1969

Reitzenstein, R., Hellenistische Wundererzählungen, Leipzig 1906 = Darmstadt 1963

Roloff, J., Kerygma und historischer Jesus, Göttingen 1970

Schäfer, P., Die Torah der messianischen Zeit, ZNW 65 (1974), 27–42

Schenk, W., Tradition und Redaktion in der Epileptikerperikope Mk. 9,14-19, ZNW 63 (1972), 76–94

Schenke, L., Die wunderbare Brotvermehrung. Die nt. Erzählungen und ihre Bedeutung, Würzburg 1983

Schille, G., Die urchristliche Wundertradition, Stuttgart 1967

Schlier, H., Das Schifflein Kirche, ThEx 23, München 1935

Schlingensiepen, H., Die Wunder des Neuen Testaments, BFCTh I, 28, Gütersloh 1933

Schmithals, W., Wunder und Glaube. Eine Auslegung von Markus 4,3–6, 6a, BSt 59, Neukirchen 1970

Ders., Die Heilung des Epileptischen (Mk. 9,14–29). Ein Beitrag zur notwendigen Revision der Formgeschichte, Theolog. Viat. XIII (1975/76), 211–233

Schnelle, U., Theologie des Neuen Testaments, Göttingen 2007

Schniewind, J., Zur Synoptiker-Exegese, ThR NF 2 (1930), 129–190

Schröter, J., Zur neueren Jesusforschung, ThLZ 139 (2014), 388–406

Schulz, S., Q – Die Spruchquelle der Evangelien, Zürich 1972

Schweizer, E., Ego Eimi, FRLANT 36, Göttingen 1939 (= [2]1965)

Ders., Die Heilung des Königlichen, in: Neotestamentica, Zürich 1963, 407–413

Stendahl, K., The School of Matthew and its Use of the Old Testament, ASNU 20, Uppsala 1954, Philadelphia [2]1968

Strecker, G., Der Weg der Gerechtigkeit. Untersuchungen zur Theologie des Matthäusevangeliums, FRLANT 82, Göttingen [3]1971

Suhl, A., Die Wunder Jesu, Gütersloh 1965

Ders., Der Wunderbegriff im Neuen Testament, Darmstadt 1980

Tagawa, K., Miracles et Évangile, Paris 1966

Theißen, G., Urchristliche Wundergeschichten, StNT 8, Gütersloh 1974 ([6]1990)

Ders. / Merz, A., Der historische Jesus, Göttingen 1996

Trummer, P., Daß meine Augen sich öffnen. Kleine biblische Erkenntnislehre am Beispiel der Blindenheilungen Jesu, Stuttgart 1998

Vögtle, A., Jesu Wunder einst und heute, Bibel und Leben 2 (1961), 234–254

Walter, N., Die Auslegung überlieferter Wundererzählungen im Johannesevangelium. Theolog. Versuche II (1970), 93–107

Weder, H., Wunder Jesu und Wundergeschichten, VF 29 (1984), 25–49

Weinrich, O., Antike Heilungswunder, Gießen 1905 = Berlin 1969

Weiss, W., Zeichen und Wunder. Eine Studie zu der Sprachtradition und ihrer Verwendung im Neuen Testament, WMANT 67, Neukirchen 1995

Wenham, D. / Blomberg, C., The Miracles of Jesus, Sheffield 1986

Wilckens, U., Theologie des Neuen Testaments I, Neukirchen 2002

Wrede, W., Das Messiasgeheimnis in den Evangelien, Göttingen 1903 ([4]1969)

Ders., Charakter und Tendenz des Johannesevangeliums, Tübingen [2]1933

Zeller, D., Wunder und Bekenntnis. Zum Sitz im Leben urchristlicher Wundergeschichten, BZ NF 25 (1981), 204–222

Zimmermann, R. (Hg.), Kompendium frühchristlicher Wundererzählungen, Bd. 1: Die Wunder Jesu, Gütersloh 2013

Sachregister

Apollonius von Tyana 76
Aramäisch 34, 69, 97
Arzt 95
Asklepios 16, 43, 62, 73, 87
Auferstehung 145
Auferweckung 144

Beweis 146
Beweiskraft 102
Blindenheilung 87, 143

Charisma 64
Chorschluss 113
Christenheit 124
Christusbotschaft 24

Dämon 23, 33, 79, 82
Dämonenaustreibungen 75
Dankbarkeit 72
Davidssohn 32, 36, 38, 89, 116
Dionysos 142
Dubletten 27, 106

Elia 153
Elia/Elisa-Geschichten 12
Elisa 153
Epidauros 73
Epidaurus 15, 87
Epilepsie 82
Evangelist 98, 119, 140, 145
Evangelium 45, 73, 117, 131, 132, 154, 156
Exorzist 33, 44, 75, 77, 82, 83

Feigenbaum 107, 124
Fischzug 27, 108

Gebet 13, 15, 51, 55, 64, 101, 102, 153
Glaube 42, 49, 70, 107, 115, 132, 134, 137, 139, 142
Gottesherrschaft 85, 115, 131, 134
Gottessohn 116, 124

Halakha 102
Handauflegung 120, 153
Heiden 70, 81

Jeremia 14
Jesus, historischer 29, 109, 131

Kern, historischer 69
Krankenheilungen 61
Kyrios 116

Legitimation 123, 140, 157
Lehrgespräch 82
Luther, Martin 131

Magie 24, 64, 77
Magier 114, 119
Menschensohn 67, 116, 124
Messias 116, 126
Messiasgeheimnis 83, 89, 124

Naturgesetze 12
Naturwissenschaft 16
Naturwunder 100, 120
Novelle 21

Osterbotschaft 97
Ostern 90, 98, 108, 110, 124

Paradigma 21
Passion 124
Prophet 101

Qumrantexte 32

Redaktionsgeschichte 123

Sabbat 28, 67, 71, 143
Sabbatgebot 143, 144
Salomo 76
Satan 17
Scheintoter 95
Schlaf 144
Schweigegebot 66, 69, 89, 124
Schweigen 23
Seesturm 103
Seewandel 105
Serapis 63
Speisung 101, 106, 139
Spruchüberlieferung 70, 116
Stammbaum 36
Strafwunder 18, 24, 107, 115
Summarium 69, 119, 154
Sünde 66

Taubstumm 122
Tempelsteuer 109
Tora 15, 84, 90, 102
Totenerweckung 93

Überlieferung 61, 72, 84, 116, 130, 132
Überlieferungskern 23, 72, 80, 83, 95, 97, 130, 134
Umwelt 24, 131

Vergebung 66
Verheißung 121, 128
Verkündigung 132
Vespasian 63, 87
Vollmacht 70, 78, 130

Zauberei 17, 24
Zauberer 114, 119, 153, 155
Zeichen 20, 115, 138, 143
Zeichen und Wunder 11, 20, 124, 146, 150, 151, 156
Zeugen 23, 61

Autorenregister

Alkier, S. 18, 159
Ambrosius 105, 111
Apollonius von Tyana 85, 94, 99
Aus, R. D. 86

Bammel, E. 147
Barrett, C. K. 85
Barth, G. 57, 59
Bauer, W. 148
Bauernfeind, O. 85
Becker, J. 148
Bendemann, R. v. 74, 86, 99
Berger, K. 26, 39
Billerbeck, P. 59, 73, 110, 149
Binder, H. 58
Bornkamm, G. 57, 58, 59, 74, 86, 92, 110, 111, 129
Bornkamm, K. 135
Bultmann, R. 10, 19, 22, 26, 31, 40, 57, 58, 59, 73, 74, 86, 92, 99, 111, 118, 149, 159
Burger, Ch. 39, 40
Buse, J. 148
Busse, U. 74, 129, 135

Charlesworth, J. H. 39
Clementz, H. 85
Collins, A. T. 99
Conzelmann, H. 84, 86, 129, 159
Cullmann, O. 39

Davey, F. N. 149
Delling, G. 19, 56, 57, 73, 85, 159
Dibelius, M. 10, 19, 21, 22, 26, 31, 110, 121, 128
Dittenberger, W. 57
Dodd, C. H. 149

Ebeling, G. 56, 58, 59, 60
Elia 94, 111
Elisa 94, 111

Fabry, H.-J. 18
Fiebig, P. 19, 56, 73, 85, 99, 110
Foerster, W. 57
Fridrichsen, A. 25, 57, 58
Friedrich, G. 118, 159
Fuchs, E. 58

Gerhardsson, B. 19
Glaswell, M. E. 129
Gnilka, J. 40, 73, 74, 86, 92, 99, 111
Goppelt, L. 57

Haacker, K. 39, 40
Haenchen, E. 59, 148
Hahn, F. 40
Heckel, U. 99, 128, 129
Hegermann, H. 111
Held, H. J. 57, 58, 59, 74, 86, 92, 129
Hippolyt 104, 105, 111
Hoskyns, E. 149
Hummel, R. 41
Hunzinger, C.-H. 59

Jeremias, J. 10, 19, 31, 40, 59, 74, 86, 110, 111, 118, 128, 135, 148, 159
Jervell, J. 158, 159
Jonas, H. 18, 19

Käsemann, E. 57, 84, 86, 118, 135, 149, 158
Kertelge, K. 57, 60, 85, 129
Klaiber, W. 111
Klein, G. 58
Klein, H. 111
Koch, D.-A. 57, 58, 74, 111, 129
Kollmann, B. 25, 26, 31, 73, 74, 99, 110, 158, 159
Kuhn, H. W. 26, 128
Kümmel, W. G. 159

Lambert, A. 73
Lampe, G. W. H. 135
Léon-Dufour, X. 18, 19, 148
Lietzmann, H. 159
Lindemann, A. 86, 158
Lohmeyer, E. 41, 59
Lohse, E. 39, 40, 41, 56, 74, 85, 92, 128, 129, 147, 158
Lührmann, D. 57, 59, 74, 99, 111
Luther, Martin 131, 159
Luz, U. 129, 135

Mendner, S. 148
Moule, C. F. D. 18, 135, 147

O'Connor, E. D. 59
Oepke, A. 19, 118

Perrin, N. 59
Petzke, G. 31, 99
Pokorný, P. 99, 128, 129
Proclos 105, 111

Rahner, H. 111
Reitzenstein, R. 56
Roloff, J. 57, 58
Schäfer, P. 19
Schenk, W. 57, 58
Schlatter, A. 59
Schlier, H. 111
Schmithals, W. 57, 58, 60
Schnackenburg, R. 149
Schniewind, J. 135
Schrage, W. 92
Schreiber, S. 158, 159
Schulz, S. 59
Schweizer, E. 57, 59, 74, 99, 111, 135, 148, 149
Stolz, F. 159
Strecker, G. 41
Suhl, A. 135

Theißen, G. 10, 18, 26, 31, 40, 56, 73, 74, 110, 118, 128, 135

Walter, N. 148
Weder, H. 18, 19, 31, 118, 135
Weinreich, O. 19, 56
Weiss, W. 158, 159
Wellhausen, J. 149
Wilckens, U. 10
Windisch, H. 158
Wolff, C. 159
Wolter, M. 111, 118
Wrede, W. 83, 84, 86, 149

Bernd Kollmann

Neues Testament kompakt

auch als EBOOK

2014. 356 Seiten, 5 Karten. Kart. € 24,99
ISBN 978-3-17-021235-0

Der Band führt in alle studienrelevanten Bereiche des Neuen Testaments ein. Neben einer Einleitung in die Schriften des Neuen Testaments bietet er biographische Porträts der Schlüsselfiguren des Neuen Testaments. Dabei sind Jesus und Paulus eigene Kapitel gewidmet. Zudem werden die wichtigsten Methoden der Textanalyse und zentrale hermeneutische Zugänge zum Neuen Testament vorgestellt. Hinzu kommen Überblicke zur religiösen Umwelt wie zum zeitgeschichtlichen Kontext des Neuen Testaments und zur Geschichte des Urchristentums. Ein Blick auf die außerkanonischen Schriften, thematische Querschnitte durch das Neue Testament und Erwägungen zu Grundfragen der neutestamentlichen Ethik runden die Darstellung ab.

Leseproben und weitere Informationen unter www.kohlhammer.de

Manfred Köhnlein

Wunder Jesu – Protest- und Hoffnungs-geschichten

2010. 284 Seiten,
20 Zeichnungen von
Jehuda Bacon. Kart.
€ 24,99
ISBN 978-3-17-020980-0

„Brot vermehren, Blinde heilen, Dämonen austreiben, über das Wasser gehen - wie soll das jemals möglich gewesen sein?" Die Wunder Jesu bereiten in Predigt und Unterricht nicht selten große Schwierigkeiten. Sie werden als antik belächelt und als vernunftwidrig abgetan. Dabei machen sie mehr als ein Drittel des Erzählbestandes der Evangelien aus, so dass ihre Ablehnung dem Leben Jesu viel von seiner Kraft und Anschaulichkeit nimmt. Köhnlein nimmt die Wunder aus dem unfruchtbaren Streit um die Gültigkeit der Naturgesetze heraus. Er versteht die Wundergeschichten als Kommunikationsdramen, in denen der „Befreier" und „Heiler" Jesus von Nazaret in scheinbar ausweglosen Situationen gegen Verzagen und Resignation protestiert. Jesus bricht sperrige Normen des zwischenmenschlichen Umgangs auf, geht Risiken der Zuwendung ein und erweckt Hoffnung auf bessere Verhältnisse im „Reich Gottes". So mögen die Wunder Jesu zwar ungewöhnliche Erfahrungen darstellen, aber sie waren und sind keine unmöglichen „Stories".

Leseproben und weitere Informationen unter www.kohlhammer.de

W. Kohlhammer GmbH
70549 Stuttgart